I0481617

IL MONDO VIVENTE
Conversazione con Eugène Green

a cura di Federico Francioni

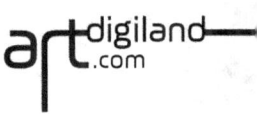

Artdigiland Ltd
Founder and Director: Silvia Tarquini
23, Griffith Downs - The Crescent
Drumcondra
Dublin D9
Rep. of Ireland
www.artdigiland.com
info@artdigiland.com

IL MONDO VIVENTE
Conversazione con Eugène Green
a cura di Federico Francioni

prefazione Massimo Causo

editing e redazione: Silvia Contorno
grafica e impaginazione: Michela Tranquilli

crediti fotografici: il libro è illustrato con fotogrammi, foto di
scena e di set provenienti dall'archivio privato di Eugène Green; il
ritratto a p. 7 è di Yan Cheng; a p. 28 Federico Francioni ed Eugène
Green in due momenti dell'intervista; a p. 138 Adrien Michaux e
Christelle Prot in *Toutes les nuits*

in retrocopertina: Eugène Green sul set de *La religieuse portuguaise*;
Leonor Baldaque sul set de *La religieuse portuguaise*; Eugène
Green durante l'intervista, Jardin du Louxembourg; un set de *La
religieuse portuguaise*

in copertina: Natacha Régnier ne *Le Pont des Arts*

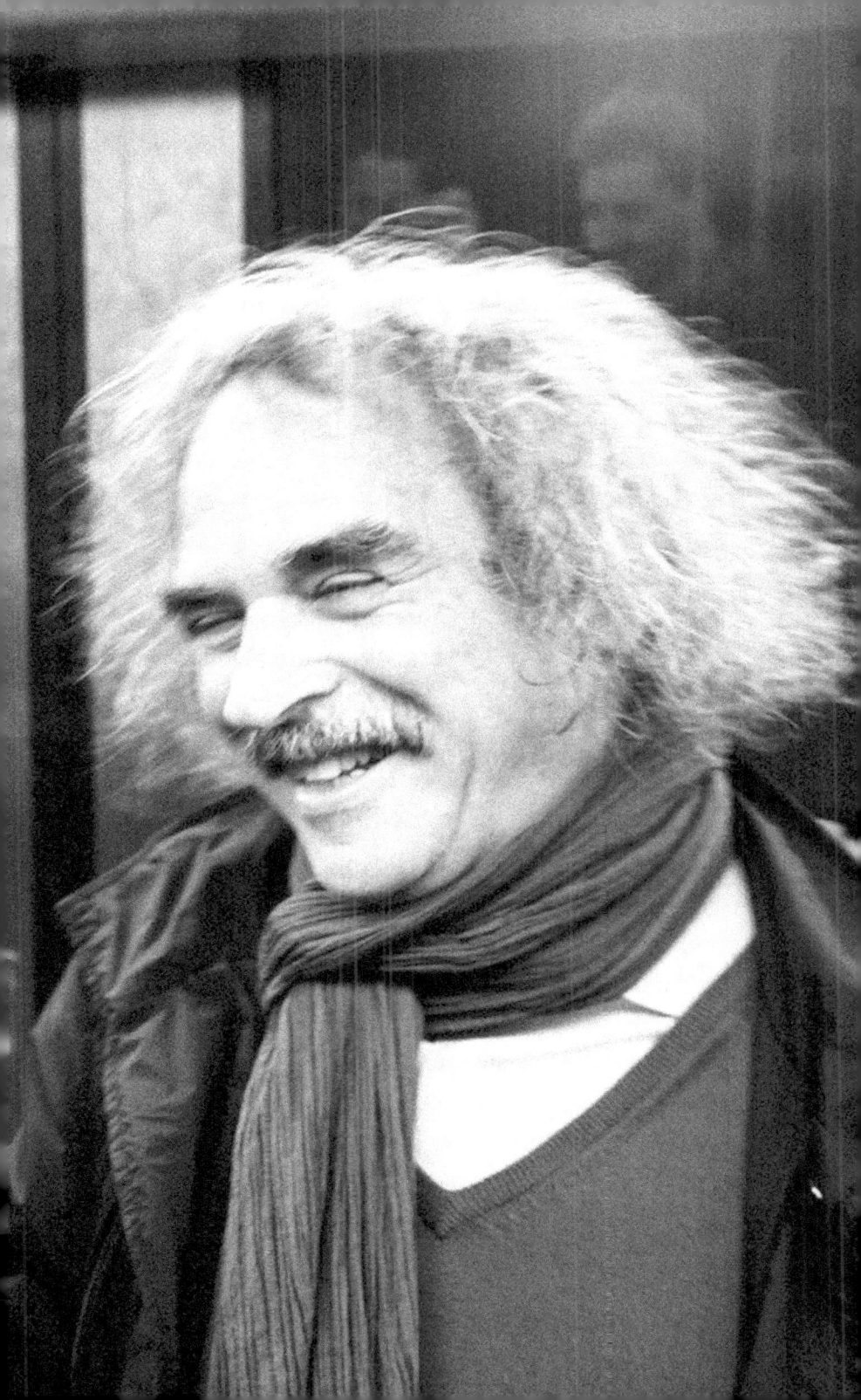

Sommario

Fare la parola
Prefazione

Faire la parole, fare la parola, un po' come dire fare il pane, fare la vita, fare un film o anche fare la rivoluzione... Era il titolo – bellissimo! – di un piccolo, forse troppo trascurato film di Eugène Green del 2015, un documentario più o meno, girato nella regione basca a cavallo tra Francia e Spagna, lì dove la questione della lingua parlata, quindi della parola, si connota come materia identitaria e politica, sociale e umana, antica e moderna, morale e ideale... Ecco, fare la parola: è esattamente quello che Eugène Green fa da sempre, prima ancora di fare cinema, probabilmente anche prima di prendere la strada dell'Europa, nel 1968, dalla lontana Barbarie (l'America, nel suo parlato) per trovare una lingua alla quale lui appartenesse, che dicesse le *sue* parole, quelle che aveva dentro.

Non è davvero possibile separare Eugène Green – la sua arte e la sua persona – da questa idea di poter e dover "fare la parola". Come non è possibile trascurare la liaison sottilissima, ma (per lui) fondamentale e da troppi trascurata, tra il "fare" e la "parola", ovvero la concretezza di un dire che è anche e immediatamente un atto, la sostanza di un parlare che occupa uno spazio nella realtà concreta dei fatti, nei gesti che disegnano lo spirito del mondo.

Una concretezza che governa egualmente il suo rapporto con il cinematografo, la ragione che presiede all'idea di *fare il cinema*, perché come dice nella sua *Poétique du cinématographe* (Arles 2009): "Pensare il cinema significa risolvere dei problemi concreti: struttura narrativa, immagine, suono, lavoro degli attori. Ma significa prima di tutto porsi in relazione con i principali interrogativi metafisici dell'uomo occidentale, poiché è da essi che nasce il cinematografo. Espressione lampante di una poetica che non lascia scampo al rapporto filosofico e politico tra l'essere e il filmare nell'ottica di questo autore. E meraviglioso teorema chiamato a dimostrare lo slittamento tra il fare, il dire e il pensare che Eugène Green pone alla base del suo mondo: la ragione di quel sublime che nel suo cinema nasce per l'appunto dalla sublimazione tra idea, parola e raffigurazione e si concretizza per lo spettatore in una singolare e sempre liberatoria esperienza del Bello.

Nel pensiero e soprattutto nella prassi artistica di Eugène Green c'è una indiscutibile necessità di dare forma a una realtà che coincida con i segni del linguaggio, primo fra tutti quello parlato per l'appunto. L'esigenza di una verbalizzazione che corrisponda alla ricerca di una verità interiore assoluta e di conseguenza bella, armoniosa, coerente con lo spirito delle cose, piuttosto che con la loro materialità.

Tutto il suo cinema è una ricerca della sostanza della Vita, messa alla prova di un linguaggio che si dimostri capace di esprimerla nella sua purezza, astraendo la verità dal malinteso realismo, ovvero la rappresentazione dall'inganno del naturalismo. La regola del barocco, da lui traslata tra teatro e cinema, corrisponde proprio a questa esigenza di astrazione della forma del dire, l'implicita denuncia del dissidio tra sincerità e espressione che impera nella forma attuale del mondo, nella Storia per come, nel corso dei secoli, s'è andata incarnando nel mondo occidentale. Il rigore con cui Eugène Green purifica la recitazione dei suoi interpreti, la ricerca di una distanza nella rappresentazione che equilibri la tensione tra vero e simbolico, la capacità di adattare la forma sensibile delle cose all'idea che intende esprimere: tutto corrisponde a una dichiarata e innata necessità di porsi una sola e semplice domanda sulla natura dell'Uomo che è giunto sino a noi dalla profondità dei tempi.

"Il cinema è la parola fatta immagine" dice Eugène Green nella sua *Poétique*. E ormai sappiamo bene come per lui la Parola sia ciò che dice il mondo, che lo esprime e gli dà verità e consistenza reale. Ed è proprio per questo che il suo cinema giunge a noi come sostanza di liberazione e prassi di leggerezza: perché

Eugène Green, che geograficamente e biograficamente viene da lontano e ha rinunciato a se stesso per trovare una nuova espressione, conosce bene la strada che porta dal silenzio alla Parola e la percorre sino in fondo. Senza remore di modernità, visto che la modernità l'ha già superata nella prassi del Tempo, che si rivela agli uomini al di là della Storia.

E allora questa lunga, serena e approfondita intervista, che Federico Francioni ci offre a rielaborare il cammino umano e il percorso artistico di Eugène Green, non poteva che essere la conseguenza più bella e necessaria alle domande poste dal Cinema di un autore che continua ancora e sempre a "fare la parola". Il dialogo che emerge è diretto, sensibile, coerente con la limpidezza ma anche la complessità di una persona come Eugène, che non ammette compromessi, ma vive il suo rigore con una innata, a tratti persino inconscia ironia. Federico Francioni, che è documentarista e "realizzatore di film" (non si usano anglicismi a casa di Eugène...), nell'incontro che riproduce in queste pagine riesce a rendere con sincera autenticità la complessa e dolce umanità di questo artista, la sua netta qualità umana. Ciò che lo rende davvero unico nel panorama cinematografico contemporaneo e lo fa amare tanto da quel pubblico che ha avuto la fortuna di incontrarlo sul suo cammino.

                                        Massimo Causo

Premessa

La prima volta che ho visto un film di Eugène Green ho provato un senso di disagio. Nel suo lavoro c'è qualcosa di non accomodante, una forma così personale a cui non si può restare indifferenti, nel bene o nel male. Solo col tempo ho avuto l'impressione di ritrovarmi di fronte a una ricerca rigorosa che, oltrepassando i codici del fare cinema, puntava unicamente allo svelamento di una verità: una realtà profonda e nascosta. È una pratica che si occupa con cura della Vita e si offre in visione, a volte con dei limiti, ma mai senza autenticità. Un dono fuori dal tempo.
Uno dei primi libri di cinema che mi sono ritrovato tra le mani è stato una bellissima intervista a Otar Iosseliani, pubblicata alla fine degli anni '90, senza aver ancora avuto modo di vedere i suoi film – che ho poi amato, e nella cui forma singolare ritrovo forse lo stesso senso di disagio. È stato un libro importante, per tentare di illuminare il mondo di un autore all'ombra, lontano dal contingente e dalle mode, prendendo il giusto tempo di una Conversazione.

L'idea di questo libro è nata così: dalla volontà di un incontro verso ciò che è nascosto; dal bisogno di prendersi cura di qualcosa che forse si perderà. Bisogna accudire e comprendere.
La storia del cinema è una storia di fantasmi e ombre. Di forme, ma soprattutto di uomini.

Ringrazio di cuore Silvia Tarquini, senza la quale questo libro non sarebbe mai esistito. Valentina, Jacopo e Yan per l'avventura parigina, Paolo per la confidenza letteraria.
E Giovanni, per tutto.

L'uomo Barocco.
Una ricognizione del Mondo Vivente nel XX secolo

Introduzione

Nella vertigine distruttiva e nichilista della nostra epoca – qualcosa a venire? o forse già avvenuto alle nostre spalle – è difficile incontrare una figura tanto originale quanto misteriosa come quella di Eugène Green. Apolide e autodidatta, a una superficiale ricognizione coltissimo naïf, mostra invece di essere uno dei più attenti ricercatori della luce – e, per sottrazione, del buio – contemporanei: forse, uno degli ultimi cineasti "metafisici" europei. Attraverso la prospettiva inedita dell'*Uomo Barocco* – che non rimanda a ideale di meraviglia, ma piuttosto a una condizione ossimorica dell'anima, scissa tra Realtà e Mistero – Green si innesta in una tradizione cinematografica molto particolare: quella che, prendendo come punto di riferimento cardine Robert Bresson – e in parte Yasujirō Ozu, per restare nel campo delineato da Paul Schrader[1] – si può indicare come «cinema trascendentale».

Le etichette però devono necessariamente sbiadirsi, se si vuole comprendere a fondo l'opera di un autore che, alla base della conoscenza, o meglio della Sapienza – quel particolare sapere che può condurre alla Saggezza – pone proprio il dissolvimento di un intelletto "smembrante" che, nelle estreme conseguenze, diventa vivisezione arida del reale. L'universo di Eugène Green si estende come un *Mondo Vivente* – titolo del suo secondo lungo-

---

1. Uno stile cinematografico in cui l'elemento spirituale «costituisce una via di accostarsi al trascendente che varia di volta in volta, mentre le finalità e i metodi rimangono nella loro essenza gli stessi», come scrive Schrader nel suo testo del 1972 *Il Trascendente nel Cinema. Ozu, Bresson, Dreyer* (Donzelli, 2002).

metraggio: per afferrarlo, occorre smarrirsi anima e corpo nella sua bianchezza. Un salto che si spalanca al vuoto, all'esperienza mistica come invasione della luce; il bianco della neve di Praga, sulla quale Green racconta di aver incontrato il segno del proprio fantasma: «Avevo lasciato delle tracce nella neve, e siccome avevo momentaneamente, in modo precario, raggiunto la mia meta, quelle si erano cancellate, riempite da una materia naturale, immagine dell'esperienza spirituale che aveva determinato tutta la mia esistenza, e che mi aveva portato al cinema».

Lo stesso biancore, più profano, mi accoglie a Parigi – dove, secondo Green, ormai non nevica più dai tempi di Proust – in cui sono arrivato alla ricerca di questo raro spettro, rimasto impigliato tra le pieghe di una crisi epocale, non solo economica, della civiltà europea e della sua tradizione spirituale e culturale. Formatosi nel pieno del Novecento, e avendo poi affondato le radici nella cultura barocca del Seicento, Eugène Green arriva al cinema alle soglie del nuovo millennio, dopo aver condotto studi in storia dell'arte, e dopo aver impiegato gran parte della sua vita nell'approfondimento e nella pratica del teatro barocco, fondando la compagnia *Théâtre de la Sapience*. Le riprese del suo primo film, *Toutes les nuits*, iniziano nel 1999, anno della morte di Robert Bresson. Nel 2001 il film esce in sala, in Francia, vincendo il prestigioso premio Louis Delluc come migliore opera prima. Da questo momento, Green diventa suo malgrado un cineasta al confine: nel giro di pochi anni fare cinema come nella grande tradizione degli anni '60-'70 – quella della sua formazione – è sempre più faticoso; la pellicola, materia *segnata dalla luce* – elemento di senso, non soltanto estetico – lascia il posto all'uso del digitale; la dimensione commerciale si fa ipertrofica e le cinematografie nazionali si riproducono spesso in una monotonia culturale debole e asfissiante. In questo contesto, contraddicendo ogni logica del buonsenso, Eugène Green pubblica un volume che fin dal titolo risulta anacronistico: *Poétique du Cinématographe*. Un gesto inattuale, che rivela subito la sfasatura della sua opera e del suo pensiero: lo sguardo di chi, inadeguato al proprio tempo, iscrive il segno più profondo proprio in questa distanza – e ci permette così, assecondandolo, di uscire da noi stessi, altrove. Green è uno di quegli autori che rivendica il diritto a una visione che agisca *sul* mondo piuttosto che all'interno di codici già estenuati: in cambio, quello che offre è un cinema animato da forti motivazioni; un'urgenza che ci tocca direttamente, in modo assoluto, nel suo rapporto delicato e fragile col mistero. Quello a cui va incontro, in questa precaria e avventurosa ricerca poetica, non sono spettatori passivi o giudicanti, ma complici.

«Coraggio, sei quasi arrivato!»: la voce di Eugène arriva rassicurante dall'alto, mentre salgo a fatica verso l'ultimo piano, in Rue du Saint-Saveur. Poco prima del nostro incontro, con molta premura, lui stesso mi aveva avvertito: il palazzo è della fine del Seicento, e i primi piani fanno quattro metri di altezza, prima di arrivare in cima; dove lui mi sta aspettando paziente, fuori dalla porta, per accogliermi nel suo appartamento. Nel gioco di specchi del vecchio continente mi sono imbattuto per caso nel cinema di Eugène Green, attraverso le sequenze di Fado de *La religieuse portuguaise*. Officiando il rito della rappresentazione – un canto antico che narra al contempo una perdita e una speranza – la fadista Aldina Duarte offre alla protagonista del film l'unico riflesso possibile per comprendere il suo dolore. Il Fado è musica dell'assenza, dolore atlantico, che, nell'inquieta, malinconica cartografia di un tempo perduto – passato e futuro inchiodati al loro trascorrere – trova equilibrio in un presente eterno, nostalgico. È proprio questo presente, potente e inaspettato, ad emergere e a riaffiorare nelle sequenze del film. A partire da questo frammento, il cinema di Eugène Green, col suo particolarissimo linguaggio – che è poetica del mondo, e della sua presenza reale – ha avviato un lavoro carsico, fino ad avvicinarmi alla sua logica dello spirito: un linguaggio che richiede, impone ed implora pazienza, snervante per la sua rigidità, nel suo canone fisso; ma allo stesso tempo coerente e solido, "massimalista" nell'essenziale. E, con la leggerezza propria delle migliori intuizioni, il cardine di quest'operazione così densa risiede in un sottile spostamento: al vuoto, che non viene mai rappresentato, nonostante le stanze spoglie, e le città deserte, Green ha sostituito il *nascosto*, la ricerca di una realtà spirituale oltre il visibile. Soprattutto, aspetto non secondario, lo ha fatto con grande ironia. Cosa ci impedisce, infatti, di vedere in un mansueto labrador il leone di un poema del ciclo arturiano?

Con la volontà di andare incontro a questa realtà nascosta, per accoglierla, più che dissezionarla, è nata così l'idea della nostra conversazione. Della figura inconsueta di Green non è facile trovare traccia in apparati critici o, fino a qualche anno fa, in grandi partecipazioni festivaliere; sembra quasi un miracolo che sia riuscito a realizzare sei film, più un certo numero di saggi e romanzi – tre dei quali pubblicati da Gallimard. Ma proprio questo suo restare in ombra è un'invito allo sguardo, allo svelamento. Capita, negli ultimi anni, di imbattersi in autori nascosti, irrisolti, contemporanei maledetti (loro malgrado), che ostinatamente hanno il coraggio di restare, soppesare, affinare una poetica, un linguaggio; per dirla con le parole di Manoel De Oliveira, di essere *complicati*, perché «essere complicati vuol dire avere rispetto per il pubblico». Con lo stesso coraggio bisogna immergersi in questi film, che nel loro enigma, possono arrivare a rifletterci in modo stupefacente il nostro mondo, capovolto.

Riprendendo fiato, torno ai quattro metri d'altezza per piano, verso il nostro incontro. Lasciando alle spalle il clamore della città, in questa lunga salita, si ha quasi l'impressione di raggiungere un approdo nascosto. « Il piano dei servi », dice Eugène Green, salutandomi col suo italiano bellissimo e stratificato. La prima cosa che colpisce è come la sua voce sembri sostenersi costantemente sull'orlo di una vertigine, di cui è difficile individuare i confini; nel linguaggio, si intravede il territorio della sua identità inquieta. Nato nel 1947 in "Barbarie" – l'estesa macroregione che, ironicamente, indica collocata «tra il Canada e il Messico» (nei più moderni atlanti, gli "Stati Uniti") – Green trascorre l'infanzia e parte dell'adolescenza a New York ma, smentendo l'anagrafe, riconosce la sua sostanziale venuta al mondo circa vent'anni dopo, nel 1968, quando raggiunge l'Europa e decide di trasferirsi a Parigi: qui ha inizio la ricostruzione, la sua incessante *quête* di un linguaggio di cui sente l'assenza dalla nascita. Nella sua vicenda personale e artistica, tutto sembra gravitare attorno a una ricerca fondativa, identitaria e spirituale, che ci guida attraverso la Parola e la Luce: i due elementi unitari del mondo, che arrivano a toccarsi. Alla base di questa poetica c'è una concezione antica della Parola, del *logos* di derivazione greca ed ebraica, che nell'arte del cinema trova uno dei suoi compimenti moderni: qui, la parola e l'immagine sono *contemporaneamente* la cosa nominata e rappresentata, senza separazione e senza alcun filtro razionale. Per Green la realtà della parola, luogo tra l'uomo e il segreto, consiste nella sua incarnazione, nel suo pronunciarsi. L'immagine, la verità materiale catturata dal cinema, non è altro che emanazione della stessa energia spirituale: una Parola incarnata nel mondo. Il linguaggio, allora, collega i due sistemi, materiale e spirituale, che si fondono intimamente in un presente continuo e stratificato. In tutto il discorso del suo cinema, l'Immagine altro non è se non lo specchio dell'Elogio (*Eû-lógos*), la Parola laudativa che sottrae al velo dell'oscurità: la parola di verità nascosta, che va svelata, del tempo sacro ed eterno, contrapposta alla parola sterile priva di efficacia; il segno della potenza di vita del *logos* contro la potenza di morte dell'oblio.

Allargando ancora l'orizzonte, Green sostiene che ogni linguaggio contiene una diversa visione del mondo, e quindi nessuna esatta traduzione è possibile; il mondo che istituiamo col nostro linguaggio varia a seconda delle culture, e l'immagine varia di conseguenza. Da qui, forse, nasce il desiderio di conoscere quante più lingue possibile – dall'italiano al portoghese, fino ad arrivare recentemente al basco. E da qui, forse, nasce anche il bisogno irriverente di trasfigurare quella non-lingua che è il "barbarico", la lingua dell'inglese mercantilistico nella quale suo malgrado si è ritrovato a nascere e che, provocatoriamente, gli si potrebbe rinfacciare di contenere in sé. Respingendone la dittatura linguistica attraverso lo scherzo serio della reinvenzione, Green ne smaschera costantemente l'aridità funzionale: può capitare allora di vedere spezzoni dei suoi film su "voitubo" o di spostarsi su voli "aereofacile". Forse, soltanto l'estremismo dell'ironia può qualcosa contro un *logos* sempre più abbattuto e umiliato.

Nella sua casa parigina sembra che la parola torni a essere un dono, ed Eugène si agita, mulinando le mani, nello sforzo di trovare il termine giusto, esatto, per instaurare l'incontro. Avendo deciso di registrare in francese, trovo bellissimo il riemergere incontrollato dell'italiano tra gli interstizi della conversazione: un tentativo di dialogare senza incomprensioni e senza interferenze, in uno scambio profondo che, oltre alla parola, passa inevitabilmente per lo sguardo. Basta un'occhiata all'ambiente, alle librerie stracolme, perché questo flusso condiviso si interrompa: Eugène non riesce a parlare da solo neanche per qualche istante. Sorridendo, quasi a discolparsi di queste faglie incontrollate, racconta che persino con sua madre, che ogni anno va a trovare in "Barbarie", gli capita di mescolare le lingue: «A volte mentre sto parlando con mia madre, mi capita di esprimermi in francese, e non mi rendo conto... E lei mi guarda, perché non capisce».

La ricerca della parola giusta è faticosa, così com'è faticoso il suo cinema, nel tentativo di farsi comprendere attraverso un linguaggio filmico che sembra negare il cinema stesso – il codice consolidato del fare cinema, che Green, da autodidatta, non ha saputo (o voluto) imparare. O forse, ribaltando i termini, un codice che, nella ricerca del senso, viene portato a un estremo: ci sono i campi e controcampi, ma ci sono quasi su *ogni* battuta; i personaggi dialogano tra di loro *attraverso* la camera, evitando il più delle volte una quinta voyeuristica. L'uso del teleobiettivo e la corta profondità di campo, la scomparsa di linee geometriche che ci riportino ad un punto di fuga: improvvisamente attingiamo direttamente allo sguardo dell'attore, dell'essere umano che abbiamo di fronte; all'interno di una finzione, ma immediatamente al di là. Forse inconsapevolmente, con l'urgenza propria dell'autodidatta, Green sembra scrivere i suoi film con la vicinanza e l'intensità che si riserva soltanto alle lettere più intime e alle conversazioni esaustive: ogni inquadratura ci interpella personalmente, in un corpo a corpo che richiede impegno da entrambi i lati.

Attraverso la rappresentazione ieratica, frontale, dei suoi personaggi – che ricordano solo esteriormente i "modelli" Bressoniani – Green costruisce i suoi film attraverso l'uso di una seconda persona veramente singolare. La parola della conversazione, essenziale e densa di significato, è pronunciata attraverso un'immagine sempre più oggettiva, impassibile e neutra, lontana dal punto di vista dei personaggi in gioco. In questo ossimoro di autentica finzione, è lo spettatore stesso ad essere interrogato, direttamente. Rispetto alla convenzione del racconto cinematografico impostato in terza persona, nel suo cinema sembra emergere un *tu* che destabilizza il quadro e inclina i piani logici: gli attori parlano guardando l'obiettivo, ma parlano *tra* loro, per mezzo della camera, come se in quel taglio inevitabile ci fossero le giunture proprie del mondo. Perché nella finzione, e nella narrazione, afferma Green, risiede la verità più profonda. Ecco allora il capovolgimento spirituale: non un naturalismo che maschera goffamente la finzione della messa in scena, ma una finzione esigua, una *storia*, che rivela una realtà nascosta – e, altro passaggio chiave, lo fa senza passare per una dialettica conflittuale. Come la Parola che, in fondo, nella tradizione antica, è *segno* e traccia del visibile senza esserne separata. L'esistenza dei suoi personaggi, costantemente legati a un elemento spirituale di cui sono agenti spesso inconsapevoli, acquista nella traiettoria narrativa un significato che oltrepassa la loro dimensione terrena, e si realizza in un sottilissimo rapporto tra mito e contemporaneità. Il caso forse più riuscito è quello di Julie, la desolata protagonista de *La religieuse portuguaise*, che nella sua incessante ricerca d'amore, attraverso una serie vorticosa di incontri notturni ed avventure deludenti, si riscopre fonte di amore illimitato lei stessa, diventando madre adottiva di Vasco, un bambino orfano abbandonato al suo destino nei quartieri antichi di Lisbona. Sacrificando il suo desiderio, e la sua vita solitaria, Julie raggiunge una gioia inaspettata che la illumina, mettendola in contatto diretto col segno della Parola: non a caso dare la vita, in portoghese come in italiano, si dice "dar à luz", dare alla luce.

Nei film di Eugène Green il mondo diventa, o torna ad essere se mai lo è stato, essenziale, in un circuito di opposizioni che non generano conflitto, ma unità: maschio e femmina; luce e ombra; terra e cielo; e, soprattutto, desiderio e spiritualità. Il *desiderium naturae*, arcaico, che spinge l'uomo verso il centro della terra, che è il centro di se stesso: non la gravità che porta verso il basso, ma la passione che conduce al cuore – e non è un caso che nei suoi film si assista a una sovrabbondanza di piedi e pavimenti, frammentazioni dello spazio, che tendono sempre più ad avvicinarci miticamente alla Terra. Quando si vedono i suoi film, sembra quasi di poterli toccare; è come avere per le mani una sfera, chiusa e misteriosa, da interrogare. Ed è difficile pensare a un film più divinatorio di *Toutes les nuits*, opera prima ispirata a uno dei più grandi romanzi moderni di predestinazione, *L'educazione sentimentale* di Flaubert, in cui le sorti parallele e opposte dei due protagonisti si incrociano lungo un ventennio, attraversando marginalmente gli anni della contestazione sessantottina che Green ha vissuto in prima persona, e in cui ha trasposto la vicenda[2]. Sulla loro superficie liscia, le traiettorie del mondo scorrono con un senso di ripetitività e sacralità, in storie che, in un senso mitico, diventano quasi delle fiabe. *Le monde vivant*, il caso più emblematico, è ispirato direttamente ai romanzi di cavalleria di Chretien de Troyes: torniamo al già citato labrador/leone a cui – come confessa l'autore con gioia e stupore – soltanto i bambini riescono a credere. Oppure, con il loro linguaggio enigmatico, questi film diventano dei sogni: luogo dove parola e immagine si ricongiungono, per captare e

---

2. Come spiega anche Green nel corso dell'intervista, la fonte di ispirazione principale per *Toutes les nuits* non è direttamente *L'educazione sentimentale*, ma un testo precedente di Flaubert, inizialmente scartato e pubblicato soltanto nel Novecento, conosciuto come *La Première Education sentimentale*.

trasformare in figura le forze invisibili del mondo. Sogni che, secondo Green, non si limitano a proiettare e velare una realtà psichica, ma, come nel pensiero giansenista, ci mettono in contatto con un'altra realtà, più vera di quella che ci circonda. Alla base di questa concezione, Green rintraccia nell'ossimoro dell'uomo barocco l'ultima possibilità di riunire, in un solo *corpo*, i due elementi contraddittori dello spirito e della ragione. In seguito, il paradigma del pensiero europeo si riconfigura verso un'indagine razionale della realtà – che Green rifiuta, in quanto processo puramente intellettuale – isolando la componente spirituale delle proprie origini. Nel suo cinema, la riemergenza del barocco prende vita come riflusso inatteso, lacerante: una sopravvivenza di pensiero incisa, organicamente, in un presente storico che ha solo apparentemente cicatrizzato la ferita.

Ad un mondo che tenta di illuminare il mistero, distruggendolo, Green preferisce piuttosto contrapporre, in questo caso sì, conflittualmente, un mondo in cui il mistero è intrinseco e costitutivo dell'uomo. Questa visione ossimorica, per quanto complessa, non va però intesa soltanto come una presa di posizione nel dibattito intellettuale – orizzonte poco congeniale ad un artista così "primitivo" – ma partecipa all'espressione di un'energia emotiva e passionale. Sembra quasi una nevrosi insostenibile: il più calcolato, freddo rigore formale che tende disperatamente al calore delle anime, al loro inevitabile dolore umano; all'esistenza di *corpi nella luce* (e anche per questo Green rifiuta il digitale, come ombra posticcia del visibile), nel mistero di un mondo che, per quanto classificato all'inverosimile, a consolazione della ragione, resterà inaccessibile. Lo avvicina, questa nevrosi, a uno dei suoi scrittori più amati, Fernando Pessoa – torniamo specularmente al Fado – che nella sua febbre disfacitrice, in fuga dagli eccessi della ragione, trova il vero sé soltanto in quella malattia dell'Io che sono i suoi eteronimi. Una pluralità di identità scisse, contraddittorie e inquiete: "conoscenti inesistenti", come li chiama lui; frammenti di sogni che compongono una realtà più profonda di quella immediatamente percepita. Nell'appartamento scarno di Rue du Saint-Sauveur – dove l'unico elemento in sovrabbondanza sono i libri – mentre la nostra conversazione prosegue, e si ferma su Pessoa, sono colpito da una suggestione forse provocatoria: Green descrive spesso la sua energia artistica come un'energia adolescente, che soltanto con la maturità è stato in grado di gestire. In questa chiave, d'un tratto, mi viene da leggere tutto il suo percorso, la sua "fuga" dalla Barbarie della parola mortificata – non solo geografica, quindi – come l'avventura di un grande eteronimo, che sognando se stesso ricompone la propria identità. Il segno, sottilissimo ma potente, si consuma nello spazio di un accento: nella sua *quête* linguistica, Eugene è diventato Eugène; un esiliato in cerca della parola ha trovato il segno del suo nome.

Qualche mese dopo il nostro incontro, con la giusta distanza verso quest'ipotesi fantasiosa, ritrovo Eugène Green al Festival del Film di Locarno, dove mi ha invitato ad assistere alla prima de *La Sapienza*. Nuova tappa nel suo lavoro sulla luce, il film racconta il percorso di un architetto parigino, Alexandre – interpretato da Fabrizio Rongione, volto iconico dei fratelli Dardenne – che, nel pieno di una crisi esistenziale, decide di intraprendere un viaggio insieme a sua moglie Aliénor per tornare nei luoghi della sua formazione, in Italia. Attraverso la riscoperta del barocco romano e degli spazi dell'architettura borrominiana, in rapporto dialettico con quella del Bernini, il film costituisce un percorso in divenire, che culmina con l'ascensione vorticosa della chiesa di Sant'Ivo. Girato dopo una lunga pausa di sei anni, è un film molto diverso da quelli che lo hanno preceduto; per certi aspetti più incompiuto, anche da un punto di vista drammaturgico. A volte si prova un senso di disorientamento: in questo film quasi insonorizzato, la parola, nella sua estrema semplicità, tocca il limite ultimo, e doloroso, del vuoto. Forse però, attraverso una profonda riflessione sullo spazio – il vero elemento centrale del film – *La Sapienza* ci invita a riappropriarci anche di uno spazio e un tempo del guardare: qui, dove tutto è disorientante, l'immagine torna a vivere fuori dalle sue abitudini, dai suoi *cliché*. Brucia, come la luce delle candele che illumina il film, nel suo incessante movimento. In questa personale asincronia dal contingente, inconsapevolmente, Eugène Green ha trasformato il suo cinema in un atto di resistenza, pienamente iscritto nel suo tempo.

Nell'ultima immagine del film, sul Lago Maggiore, il viaggio interiore della coppia trova il suo compimento in una lunga panoramica verso il bianco del cielo. Sul finire della proiezione, una parte del pubblico si alza bruscamente e lascia la sala, indispettita dal linguaggio "innaturale" del film. Eugène è impassibile: la sera prima mi ha raccontato delle difficoltà economiche in cui si è trovato, e di come la lavorazione sia stata molto faticosa e scoraggiante; così restiamo in silenzio, mentre il bianco dello schermo continua ad illuminarci. Poco dopo, un grande applauso arriva, scrosciante, dal fondo della sala. Ancora una volta il suo cinema ha unito e diviso.

Nella concitazione che è seguita, tra le interviste e l'incontro col pubblico, non ho avuto modo di approfondire la questione dell'accento. Qualche settimana dopo, però, tralasciando la suggestione eteronimica, provo lo stesso a chiedergli di questo segno:

«L'accento sul mio nome è stato aggiunto automaticamente dall'impiegato che ha registrato la mia naturalizzazione come cittadino della SS Repubblica francese, una, indivisibile, classica, laica, e parigina – per loro è come un battesimo». La curiosa ombra di Pessoa e dei suoi eteronimi, però appare poco più avanti: «Purtroppo i brani di Fado che si leggono nel mio romanzo non esistono. Confesso di essermi divertito a scrivere io quei poemetti, nello stile del Fado».

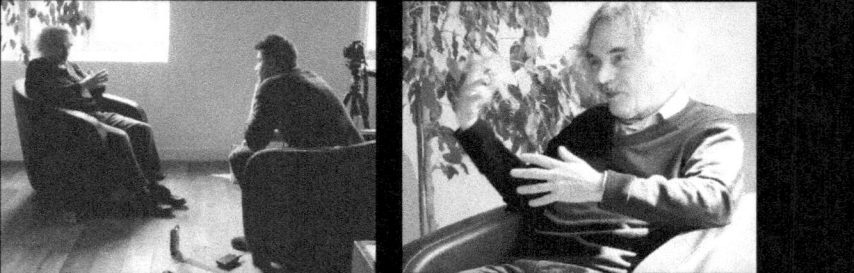

Conversazione con Eugène Green

Ossimori

*Vorrei affrontare subito un argomento molto particolare che la
riguarda, e cioè il tema dell'identità. Geograficamente, e cul-
turalmente, è difficile collocare la sua appartenenza: lei dice,
ironicamente, di essere nato in "quel territorio compreso tra il
Canada e il Messico"; e spesso viene definito come un regista
franco-americano. Però, all'espressione "Stati Uniti", lei associa
costantemente il termine "Barbarie"...*

Devo dire che è stata "La Barbarie" fin dalla mia nascita, mi sono
reso conto molto giovane che esisteva uno scarto tra me e quello
che mi circondava. Durante l'infanzia non ero cosciente di questa cosa, diciamo fino ai cinque anni, quando la mia famiglia si
è trasferita in un altro quartiere della "Nuova York". Prima abi-
tavamo proprio di fronte all'Oceano Atlantico, sulla spiaggia di
Manhattan. La mia famiglia era molto povera, anche se non me
ne rendevo conto, e vivevamo in un piccolo complesso di case
costruite temporaneamente dopo la seconda guerra mondiale per
i soldati che rientravano dal fronte. Sono nato sotto il segno
del Cancro, che è un segno d'acqua, e penso che l'Oceano abbia
sempre avuto una grande influenza su di me; lì potevo vederlo
tutte le mattine, poi mi hanno portato via, e da quel momento
mi sono sentito un po' come un marziano. Avevo il sentore che
quello che mi circondava non fosse reale, e che la realtà fosse
altrove, da un'altra parte. Il mio interesse, quindi, si è spostato
abbastanza presto verso la letteratura, i libri, e anche verso le
immagini; queste cose sono diventate la mia vera realtà. Poi
verso gli undici anni, tutt'a un tratto, mi sono reso conto che per
trovare la mia dimensione reale sarei dovuto andare via.

Provengo da una famiglia di tradizione ebraica, presente in Barbarie da molte generazioni, però non ho mai avuto la sensazione di avere delle radici geografiche. Ho sempre pensato all'Europa come la mia vera patria. Credo che nel mondo naturale la presenza reale si manifesti sempre in un luogo, e sin da piccolo, la Grecia antica, per quanto potevo saperne attraverso dei racconti omerici preconfezionati, era per me, insieme ai paesi della Bibbia e alle foreste dei racconti fiabeschi, il terreno del Sacro. Questo sentimento si è affermato quando, adolescente, ho scoperto la Tragedia e Platone, e ho iniziato a studiare il greco: non sono mai stato in Grecia, ma è un luogo del quale ho l'impressione di aver conosciuto molte realtà.

Così, già nella mia infanzia, ho iniziato a prendere coscienza del fatto che si esiste soltanto attraverso una lingua, perché è attraverso questa che si vede e si comprende il mondo: la Barbarie, però, non possedeva alcun linguaggio, quindi bisognava che partissi per una ricerca, un po' come quella del Graal, il cui oggetto fosse proprio una lingua. In generale, mi interessa molto il linguaggio e trovo appassionante imparare nuove lingue, ma alla fine è stato il francese a diventare un po' la base, il territorio della mia esistenza. Un mio amico mi ha detto che sono un "artista europeo di espressione francese", e questo in parte è vero. Ci sono cose che mi piacciono ed altre che mi infastidiscono molto in Francia, ma se sono francese è per la lingua; altrimenti non sarei europeo. Mi ricordo che quando ero giovane, nella "Nuova York", molte persone si dichiaravano italiane, ma di fatto non avevano nulla d'italiano. Mangiavano pizza – una pizza molto cattiva, come si usa lì – e questo è quanto, non parlavano italiano; le loro nonne cucinavano qualche piatto italiano, e finiva tutto lì. È così che le persone, in Barbarie, perdono improvvisamente la loro identità. Gli immigrati vogliono essere Barbari, e finiscono per diventarlo.

C'è una ragione particolare per la scelta del francese?

Penso non sia stato un caso, e credo di aver compiuto il mio destino attraverso questa lingua. A volte ho l'impressione che il francese – così come il portoghese, che non parlo benissimo, meno dell'italiano – sia una lingua che ho parlato in un'altra vita. Ho l'impressione di non essere partito da zero, che il francese sia stato per me come una reminiscenza platonica, qualcosa che avevo dentro e che a un certo punto doveva prendere vita, incarnarsi. Ho molti ricordi dei miei primi giorni a Parigi. Il più emblematico riguarda la prima volta che ho letto la pièce di Racine *Britannicus*. Non parlavo ancora molto bene il francese, e ho letto tutto il primo atto aiutandomi col dizionario. Poi, dal secondo atto, ho scoperto di non averne più bisogno, perché il vocabolario era lo stesso. Sono rimasto molto colpito da questa semplicità, dalla musicalità e allo stesso tempo dalla grande profondità e dal mistero nascosto in quei versi. È uno degli aspetti della cultura e della lingua francese che mi colpisce di più. Mi sforzo sempre di cercare questa semplicità, che non arriva mai spontaneamente, ma se arriva permette di intravedere un mistero. Questo, per me, è parte della lingua francese.

Da giovane non immaginavo affatto che avrei cambiato lingua. Sapevo che quella dei Barbari non era una vera lingua, e che derivava dall'inglese britannico, quindi pensavo che sarei andato in Gran Bretagna o in Irlanda. Avrei potuto imparare l'inglese, e farlo diventare la mia lingua, ma mi sono ricreduto subito. La prima estate che ho viaggiato, nel 1968, ho fatto un breve soggiorno in Gran Bretagna e mi sono accorto che anche la lingua inglese non mi corrispondeva molto. Poi, visto che a scuola mi era capitato di imparare più il tedesco che il francese, ho deciso di andare a Monaco per un po', ma anche lì non mi sentivo molto a mio agio. Così sono venuto in Francia, per imparare bene la lingua – e poi mi interessava molto il cinema francese. Sono arrivato a Parigi nel giugno del 1969, e nel giro di sei mesi ho capito che il francese sarebbe diventato la mia lingua. È qualcosa che è nato e maturato in me in modo molto misterioso.

È stato difficile ambientarsi a Parigi?

Adesso che è passato del tempo mi rendo conto che, fortunatamente, essendo molto giovane, e con una certa dose d'ingenuità,
non mi accorgevo delle difficoltà. Ma i miei primi anni a Parigi
sono stati veramente duri. Quando arrivai non parlavo francese.
Potevo provare a comunicare qualcosa, leggere un po', ma non
più di tanto. Tra l'altro, non mi piace deformare le lingue: ci
sono persone in grado di ascoltare appena qualche parola e poi
cercare di esprimersi, io ho bisogno di assorbire la grammatica.
In Francia avevo sempre una certa paura di fare degli errori,
non osavo parlare. Nei primi anni mi sono iscritto all'università,
andavo a lezione, anche se in modo incostante. Passavo molto
tempo a leggere e a passeggiare in città. Non avendo molti soldi,
ho iniziato a dare lezioni di inglese, e a fare piccole cose per
guadagnare, ma non potevo lavorare, avendo soltanto un visto
da studente. Ero abbastanza povero, anche se non soffrivo la
fame. Se oggi incontrassi un giovane che vuole venire a Parigi in
quelle stesse condizioni gli direi di fare molta attenzione. All'e-
poca non ho avuto paura della città, perché quando si è giovani
si fanno le cose con una certa gioia, si è più incoscienti. Parigi
allora era molto più accogliente, popolare; era ancora una città
dove persone di ogni categoria sociale potevano vivere insieme
nel centro storico, e c'erano moltissimi stranieri che arrivavano
per motivi culturali. Ho vissuto per molti anni nel quartiere di
Saint-Germain, in Rue des Canettes, luoghi adesso molto turisti-
ci. Esiste ancora un po' di vita autentica ma al di là della Senna,
sulla rive gauche, è quasi come Disneyland. I Barbari arrivano
ed è come una giostra.

*Mi sembra che questa rottura con il luogo di origine, così netta,
sia alla base del suo cinema, ed è qualcosa di molto particolare.
La prima impressione è stata quella di un esilio. Dagli Stati
Uniti, dalla "Barbarie", e anche, in un certo senso, dal presente...*

Io non mi sento così. Un esiliato, in generale, è uno che ha
abbandonato con rimpianto un luogo. Non è il mio caso. E poi
la "Barbarie", non avendo un linguaggio, non può veramente

esistere, nel presente. Quindi non mi considero un "esiliato geografico", ma in effetti, in un certo senso, un esiliato dal mondo. Uno scrittore che mi ha accompagnato per gran parte della vita, almeno a partire dagli anni Ottanta, è Fernando Pessoa. Mi è sempre capitato di identificarmi con alcuni aspetti del suo essere. Una piccola casa editrice, con cui ho pubblicato il mio ultimo romanzo[1], mi ha chiesto di scrivere un libro su di lui, un ritratto – si tratta di una collana simile a *L'un et l'autre* di Gallimard, in cui ci sono scrittori che curano ritratti o biografie di altri scrittori, e fanno allo stesso tempo una sorta di autoritratto. Anche lui, per motivi diversi dai miei, viveva in una sorta di "esilio" dal mondo. Ha affermato che la sua unica patria era la lingua portoghese. Una lingua che inizialmente voleva abbandonare, avendo svolto i suoi studi in inglese, in Sudafrica. Da principio il suo obiettivo – come il mio, da giovane – era diventare uno scrittore di lingua inglese. Quando poi è tornato al linguaggio della sua infanzia, nel quotidiano, non sentiva di essere veramente nel mondo, ma in un territorio personale. In questo lo sento molto vicino.

Prima ha detto che, molto giovane, si è reso conto dell'assenza di una lingua. Non riconosce a questo linguaggio "barbaro" la forma – nel bene o nel male – di una cultura contemporanea?

È un argomento complesso. Personalmente ritengo che l'idioma sonoro utilizzato dai Barbari non sia affatto una lingua. Nel Mediterraneo, tra il XIV ed il XVIII secolo, c'è stato il *sabir*, una sorta di *lingua franca* senza una vera grammatica, formata da parole di tutte le lingue del Mediterraneo, impiegata soprattutto negli scambi commerciali tra il mondo arabo e quello europeo. L'ordine delle parole era piuttosto arbitrario, aveva delle frasi molto semplici e un vocabolario limitato. Nelle pièces di Molière, i personaggi definiti "turchi" non parlano turco ma *sabir*. Mo-

---

1. *Un conte du Graal.*

lière fa questa scelta in funzione comica, marcando la distanza culturale tra i turchi, una civiltà "barbarica", e i francesi sotto Luigi XIV. Nel *Borghese gentiluomo* c'è una famosa "cerimonia turca", dove al protagonista, Monsieur Jourdain, viene detto, in questa lingua franca: «Se ti sabir, ti respondir». In italiano forse si può capire, ma questo non è affatto italiano, non è niente! L'idioma sonoro dei Barbari è più o meno così. Hanno adottato il vocabolario di altre culture, e possiedono una sorta di sintassi molto vaga, che permette di mettere le parole un po' alla rinfusa. È un idioma che forse aiuta a concludere gli affari, ma certo non permette di pensare e, contrariamente a tutte le vere lingue, non costituisce una visione del mondo – o meglio la costituisce in maniera negativa, ne rappresenta, cioè, l'assenza.

Non pensa però che questo "imbarbarimento" sia qualcosa che colpisce tutto il mondo occidentale, compresa l'Europa?

Certamente, è successo anche in Europa. Durante le riprese de *La Sapienza*, a Roma e a Torino, sono rimasto scioccato dall'imbarbarimento della lingua italiana nei giovani. Ci sono dei ragazzi che non riescono a pronunciare una sola frase d'italiano senza una parola di pseudo-dialetto, il "dialettuccio barbaro", come chiamo io l'inglese americano. C'è sempre qualche parola che non riesco neanche a capire. Accade la stessa cosa in Francia, spesso molte di queste parole sono inventate direttamente dai Barbari. Dopo un paio di settimane riesco a capirle, e mi rendo conto che si tratta di termini che non esistono affatto in inglese; la gente pensa che parlare così dia una sorta di valore sociale. Ma questo non fa che svilire la lingua, e contribuisce a distruggere l'essere delle persone, la loro identità, il loro modo di vedere il mondo. È qualcosa, dunque, di estremamente grave.

Quando ha iniziato a concettualizzare l'importanza della lingua? E, soprattutto, qual è stato il passaggio dalla lingua all'immagine?

È stato quando ero piccolo, verso gli undici anni. Ma forse, istintivamente o inconsciamente, anche prima. Verso gli undici anni ero già capace di concettualizzare il mio disagio verso la lingua, così ho cominciato a dirlo e a scriverlo nei miei compiti scolastici, provocando un certo scandalo tra i professori. Il passaggio all'immagine è avvenuto progressivamente. In effetti non ho mai abbandonato la lingua, ma in un certo senso il cinema rappresenta per me il nuovo linguaggio della civiltà europea, a partire dalla fine del XIX secolo. Certe immagini che ho visto da piccolo mi hanno molto impressionato: la mia rivoluzione spirituale è partita da lì, ma quando vivevo in Barbarie dicevo spesso che il mio senso della vista era meno sviluppato del linguaggio e dell'udito. Amavo moltissimo la musica e la parola, ma incarnata. Amavo cioè la poesia, che leggevo ad alta voce. Per l'arte visiva avevo una certa sensibilità, ma era difficile per me svilupparla. Ricordo che, stranamente, all'epoca la pittura che mi coinvolgeva di più era la pittura del XX secolo. Andavo di tanto in tanto, da solo, al museo d'arte moderna nella Nuova York. Quando ero adolescente amavo molto alcuni pittori contemporanei. Certo... all'epoca, nel XX secolo, quando ero giovane, erano più contemporanei di adesso...

Qualche artista in particolare?

Un pittore astratto che mi è sempre piaciuto molto, e che mi piace tuttora, è Rothko. Poi amavo i pittori impressionisti, che in Barbarie si trovano al Museo d'Arte Contemporanea – i Barbari arrivano sempre un po' in ritardo – e anche le tele più astratte di Monet, la cosa che mi piaceva di più della sua pittura. Quando andavo al Metropolitan Museum a vedere l'arte antica, quello che mi colpiva di più era la scultura. All'epoca trovavo difficile entrare nella pittura antica, sicuramente perché non possedevo i codici culturali necessari. Poi, quando sono arrivato in Europa, proprio in Italia ho avuto l'impressione di vivere un miracolo, come un cieco a cui, d'un tratto, viene restituita la vista. Mi ricordo che a Firenze, per strada, ho avuto l'impressione di assistere alla vera vita. Quando ho visto, agli Uffizi, la pittura del XV e XVI secolo, ho percepito subito un rapporto tra la vita fuori e la pittura all'interno del museo, una sensazione per me assolutamente nuova.

Come si distingueva questa vita "autentica"?

Non saprei, è una sensazione. Era la fine degli anni '60, un altro mondo a me non sembra così lontano, ma per i giovani come voi, effettivamente, è un altro secolo. Prima di tutto le persone vivevano... possedevano un corpo, uno spirito sensibile; e soprattutto possedevano uno sguardo. Mi sono accorto che in inglese non esiste il corrispettivo dell'italiano "sguardo". Gli anglofoni dicono *the eyes*, ma gli occhi e lo sguardo non sono la stessa cosa. In Europa ho cominciato a vedere che cos'è veramente lo "sguardo". In particolare nei paesi latini è qualcosa di molto importante, che rende visibile l'interiorità delle persone. Un'altra cosa che mi colpiva era la luce, la qualità della luce, diversa in ogni città.

Potrebbe sembrare un'idealizzazione, oggi. È stata una sindrome di Stendhal?

[*Sorride*] Sì, può darsi devo anche dire che non vado a Firenze da molto tempo e che non sono stato in Vaticano dopo il restauro della Cappella Sistina, visto che è impossibile vederla: c'è la stessa folla della metro alle sei del pomeriggio, non vale la pena. Ma ho visto molte cose in Italia. Una volta, molto tempo fa, ho visitato la Cappella degli Scrovegni a Padova, da solo. Gli affreschi erano un po' rovinati, ma si riusciva a vederli. Mi hanno raccontato che adesso bisogna prendere i biglietti in anticipo e si hanno quindici minuti per guardarli dietro una teca di vetro. A questo punto preferisco vedere le riproduzioni nei libri. Quando sono arrivato a Parigi, trascorrevo interi pomeriggi al Louvre. All'epoca i quadri erano organizzati come in un museo del XIX secolo, secondo la taglia, e, a parte la sala della Gioconda, mi

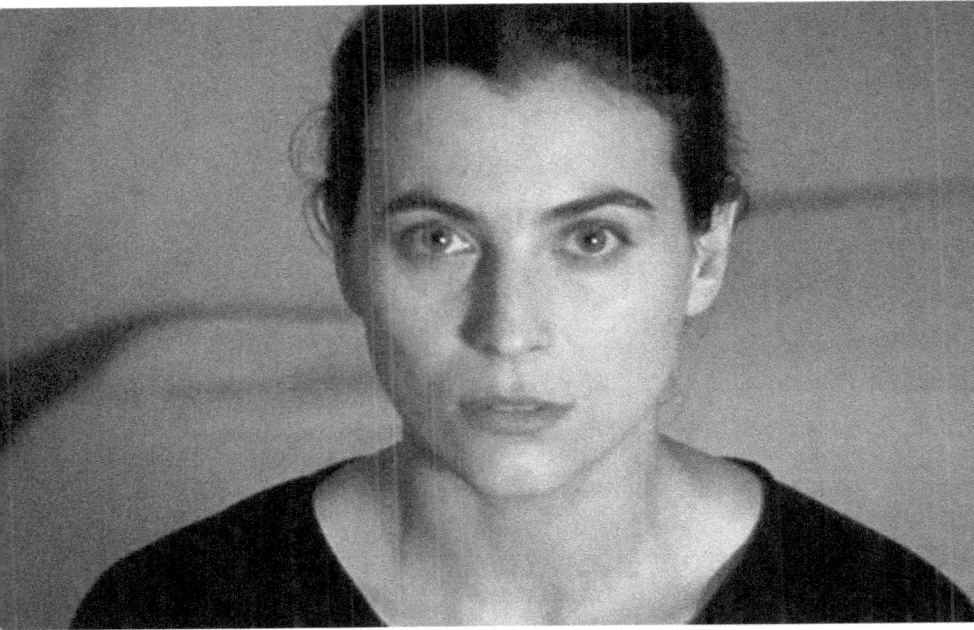

Christelle Prot in *Toutes les nuits*

ritrovavo spesso da solo nelle altre sale, dove potevo restare per ore e ore. Io ho avuto ancora la fortuna e l'opportunità di ricevere un'educazione visuale – in gran parte attraverso le arti plastiche – andando nei musei e osservando l'architettura, una cosa che mi ha sempre affascinato, da quando l'ho scoperta in Europa. Per questo ho deciso di far muovere *La Sapienza* attorno all'opera di Borromini.

La Sapienza è un racconto di formazione e di trasmissione del sapere attraverso il tema dell'architettura. Il rapporto tra le generazioni è affrontato spesso nei suoi film.

Devo dire che le cose più importanti che ho fatto nella mia vita le ho fatte a partire dai quarant'anni, quindi molto tardi. Ma credo di conoscerne molto bene la ragione: interiormente, sento di essere rimasto adolescente. Quando ero in Barbarie, come accade a tutti gli adolescenti laggiù, mi hanno portato da uno psicologo. A parte prendere il suo compenso alla fine di ogni seduta, mi chiedeva che sogni avessi fatto per darne poi un'interpretazione freudiana. Diceva raramente qualcosa, ma una sua frase l'ho conservata a lungo: secondo lui ero "bloccato nell'adolescenza". Aveva ragione. E forse è per questo che ho dovuto aspettare così tanto tempo per poter fare quello che dovevo: per poter utilizzare quest'energia adolescente, avevo bisogno della maturità. Quindi è vero che ho la tendenza a vedere il mondo da un punto di vista adolescenziale, o se vogliamo, come lo vedrebbe un giovane. Ne *La Sapienza*, effettivamente, il senso del film ruota intorno al tema della trasmissione. C'è una coppia matura e ci sono due adolescenti. Avrei preferito che il personaggio centrale, un architetto, avesse almeno sessant'anni. L'attore che avevo individuato però non voleva lavorare con me, e sono sceso ai cinquanta. Avevo trovato un attore molto bravo di quell'età, che però non ha voluto accettare le condizioni finanziarie del film. Alla fine lo abbiamo proposto a Fabrizio Rongione, ottimo attore, che aveva appena compiuto quarant'anni. Certo è un adulto, ma avrei preferito fosse più maturo. Ad ogni modo anche i miei successivi progetti, *Faire la Parole* e *Le Fils de Joseph*, ruotano attorno al tema della trasmissione tra generazioni. Per me è qualcosa di molto importante. Penso che nella nostra civilizzazione ci sia stata un'interruzione capitale; la crisi che viviamo viene in gran parte da questo. I giovani oggi hanno pochi contatti con la cultura del proprio paese, ricevono un "biberon" di barbarie, e di fatto crescono come i Barbari. Questo per l'Europa è veramente tragico. Opporsi a questo è una lotta politica, oserei dire. In ogni caso si tratta di una resistenza morale, che io cerco di mostrare attraverso una forma artistica.

Pensa che nel suo cinema ci sia un aspetto politico?

Penso di sì, nella misura in cui commenta il mondo attuale, il suo modo di vivere *La religieuse portuguaise* in Portogallo ha ricevuto molte critiche dai benpensanti. Mi hanno accusato di dare un'immagine retrograda del loro paese, come se fosse rimasto impigliato nel suo passato, mentre secondo loro era già un paese moderno, di cui bisognava mostrare le città, le autostrade. Il mio produttore portoghese ha detto che è un film politico, nella misura in cui mostra un certo modo di vivere delle persone le une con le altre. Ma nei miei film non c'è politica nel senso comune, l'ho sempre evitato. I film politici degli anni '60 non li vede più nessuno, sono inguardabili. Io penso che se le persone portassero queste idee nelle loro vite quotidiane, si potrebbe verificare un cambiamento "politico". Ma è un processo che non si può controllare.

A proposito de La Sapienza, *che ruolo ha avuto Borromini nella sua formazione?*

Il mio rapporto con l'opera di Borromini risale agli anni della mia educazione artistica. Quando ero studente d'arte ho fatto una tesi su Borromini, ma non ho voluto studiarlo solo sui libri. Sono andato a vedere le sue opere a Roma e ne sono rimasto molto impressionato. Tra l'altro Borromini rappresenta il genere d'artista con cui mi identifico, che mi tocca di più. Un artista solitario, incompreso nella sua epoca, che ha vissuto ai margini della società e ha preferito creare a partire dalla sua immaginazione, piuttosto che seguire regole già esistenti. E ha fatto della sua architettura una ricerca mistica. All'opposto Bernini era un architetto "ufficiale", che seguiva appieno le regole del suo tempo, un grande scultore e un grande decoratore, ma la sua opera è spesso soltanto questo, decorazione. All'epoca piaceva molto, esprimeva il punto di vista del potere ecclesiastico e politico del tempo, ma le sue opere sono una cosa completamente diversa dall'arte del Borromini.

Ne *La Sapienza*, il personaggio principale è un architetto che ha fatto un'importante carriera, e ha costruito il genere di cose che si vedono oggi intorno a Parigi: quartieri industriali, finanziari, infrastrutture. E poi, rendendosi conto che non era questo che voleva fare nella vita, ed essendo stato sempre affascinato da Borromini, decide di partire per l'Italia, e arriva alla chiesa di Sant'Ivo alla Sapienza, culmine del suo percorso. Nel film si parla molto di architettura e l'architettura per me è importante, perché determina il contesto della nostra vita; la nostra visione del mondo è determinata dall'architettura in cui viviamo. C'è un rapporto importante tra l'architettura e il cinema. L'architettura introduce il fedele in un tempio, in uno spazio, proprio come fa il cinema. Ed esattamente come il cinema condiziona il modo di vedere la luce e permette di scoprire aspetti nascosti del mondo.

E la chiesa di Sant'Ivo in particolare? So che ha praticato teatro per molti anni, prima di arrivare al cinema, e ha fondato una compagnia che si chiamava proprio "Théâtre de la Sapience".

La mia conoscenza di Sant'Ivo è legata al periodo che ho trascorso a Roma, per la mia tesi. La prima volta che sono stato a Roma, nel 1970, ho scoperto una città antichissima, con chiese e palazzi pieni di opere d'arte, configurazioni urbane incredibili, e un modo di vivere che non mi sembrava di aver mai conosciuto. Esistevano ancora dei quartieri popolari, come Testaccio e Trastevere – che i Barbari non avevano ancora comprato del tutto – oppure il quartiere chic di Piazza di Spagna e i residui della Dolce Vita a via Veneto, dove le signore portavano ancora la pelliccia in aprile. Però, stranamente, dopo aver viaggiato per almeno due anni nel nord d'Italia e aver scoperto un nuovo modo di conoscere l'arte, quando mi sono ritrovato a Roma mi sono sentito come davanti ad un film "digitale": cose reali, ma private della loro energia. Sentivo che, malgrado la storia di questa città, non c'erano più vere "presenze". Quando ci sono tornato nel 1976, poco dopo la morte di Pasolini, l'ho percepita per la prima volta come un luogo di violenza. Tra l'altro poche ore dopo il mio arrivo, in pieno pomeriggio, in mezzo alla folla di Natale, sono stato vittima di un'aggressione da parte di un gruppo di giovani. Gli amici romani mi hanno poi spiegato che ero stato vittima di

Sant'Ivo alla Sapienza. Disegno di Francesco Borromini, 1642-60

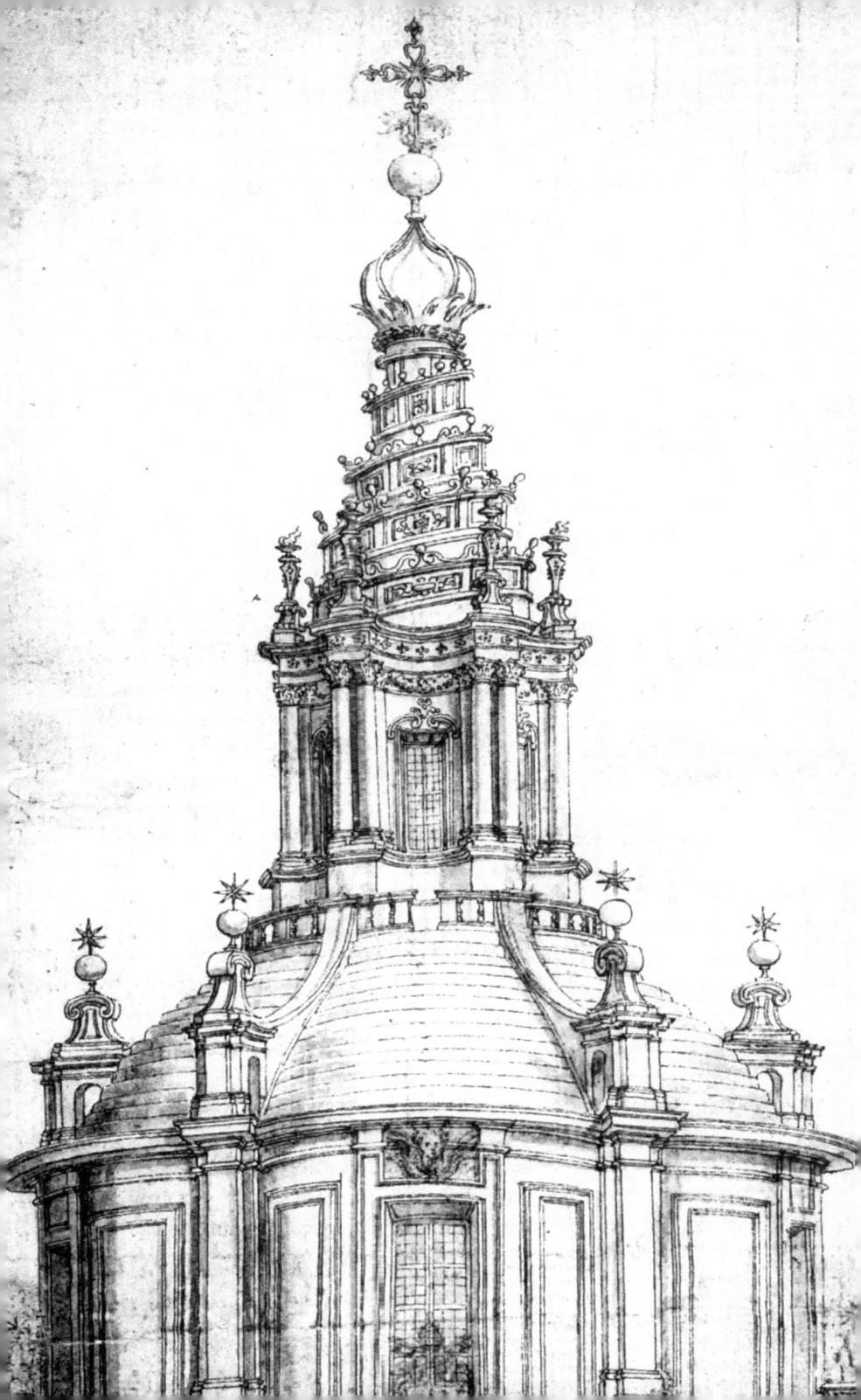

una "squadra fascista", come si diceva, che mi aveva scelto come preda semplicemente perché portavo i capelli lunghi.

Ad ogni modo, la prima domenica di quel soggiorno del '76, pensando di poter approfittare della messa per entrare nella cappella di Sant'Ivo, sono andato al palazzo della Sapienza, ed ho scoperto per la prima volta, nella corte, la cupola di Borromini, con la sua ascensione fino all'elica della lanterna, che si dissolve nel nulla. Sono entrato e, nonostante la messa fosse finita da mezz'ora, l'edificio era pieno fedeli. Le persone che assistevano regolarmente al rito domenicale non apprezzavano la mia presenza e ho capito che dovevo andare via.

Il giorno dopo sono tornato e, trovando le porte chiuse, ho suonato. Non so per quale miracolo ho ottenuto una cosa che per vent'anni, malgrado ogni tentativo – mance, simulazioni di malori, discorsi sulla santità della famiglia – non sono riuscito mai più a farmi accordare. Il portinaio è andato a cercare le chiavi e mi ha fatto entrare nella cappella, da solo. Mi sono messo proprio al centro, direttamente sotto la lanterna, girandomi in ogni senso, ed alzando lo sguardo verso l'alto. Nascosto dal mondo, al segreto, ho vissuto un'esperienza veramente inaudita: ero in un luogo costruito dagli uomini, dagli stessi uomini che costruiscono negozi o stazioni della metro, che mi trascinava verso un'esperienza spirituale. *La Sapienza* è un termine antico, indica il sapere che porta alla saggezza. L'anno seguente, quando ho fondato la mia compagnia di teatro, l'ho scelto come nome. Avrei voluto inserire questa mia esperienza romana, e un'altra che ho vissuto a San Luigi dei Francesi, nel mio primo film, *Toutes les nuits*, ma non è stato possibile per questioni economiche.

Quando ho visto Toutes les nuits, *il suo primo film, ho pensato che fosse una sorta di autobiografia, trasposta nella Parigi del '68, a partire dal testo di Flaubert...*

Sì, ci sono degli elementi autobiografici. Diciamo che, leggendo questo testo di Flaubert, avevo avuto inizialmente l'idea di provare a farne un romanzo, e di ambientarlo nella seconda metà del

XX secolo, tra gli anni '60 e '70, quindi effettivamente durante la mia gioventù. In realtà il testo di partenza è composto dai frammenti di un romanzo, scartati da Flaubert, e riuniti nel XX secolo in un volume intitolato *La prima educazione sentimentale*. Non è un grande romanzo, ma mi ha colpito per diverse ragioni. Ho riflettuto molto tempo su questa possibilità, ma non ho mai cominciato a scrivere e l'idea è rimasta sempre molto vaga. Poi una sera, a Poitiers, mentre ero in tournée con un gruppo di musicisti – all'epoca mi guadagnavo da vivere recitando – mi sono ritrovato da solo e mi sono detto: «Questo testo deve diventare un film». E subito dopo ho iniziato a scrivere la sceneggiatura. Per *Le monde vivant*, il mio secondo lungometraggio, è stata più o meno la stessa cosa. Ho avuto l'idea giusto prima di partire per una settimana di vacanza da solo in Normandia, ho iniziato a scrivere con estrema rapidità ed ho concluso nel giro di qualche settimana. Ma per *Toutes les nuits* ho trovato un modo di lavorare particolare, che dipende senza dubbio dal modo in cui mi sono accostato al cinema, perché non ho fatto scuole di cinema, né un apprendistato con i cortometraggi. E a parte due giorni di riprese per *Il diavolo probabilmente* di Bresson, non avevo mai assistito alla lavorazione di un film...

Ha avuto un ruolo ne Il diavolo probabilmente?

No, non un ruolo, ero semplicemente una comparsa. La prima volta che ho visto il film non sono neanche riuscito a riconoscermi. Portavo i baffi e a Bresson non piaceva molto; così sono stato messo dietro qualcuno. Si vede soltanto una metà del mio volto. L'ultima volta che ho visto il film mi sono ritrovato, è in una sequenza verso l'inizio. C'è una riunione politica in uno scantinato, ed io sono in mezzo ai ragazzi... all'epoca "militavo" in un gruppo di ecologisti. Ad ogni modo, per tornare alla sua domanda, l'idea di fare un film a partire da Flaubert, era piuttosto ardita... Ora mi rendo conto che era un po' folle. Ma la maggior parte delle cose interessanti che ho fatto nella mia vita sono state delle follie. Ho sentito il bisogno di farlo sia per sfidare me stesso, per convincermi che potevo riuscirci, sia per provare a convincere un produttore, i finanziatori, gli attori.

Com'è stato arrivare al cinema così "tardi", rispetto ad altri registi della sua generazione?

C'è stata un po' d'incoscienza da parte mia, di sfacciataggine, qualcosa che porto con me da quando ero giovane. Ancora non so bene come ho fatto, all'epoca, a lanciarmi in questa avventura, senza avere una preparazione. È stata la scoperta di qualcosa che esisteva solo nella mia testa. Prima di quel momento, tutto quello che immaginavo sul cinema non era che una cosa astratta, una speculazione. Nella pratica, mi sono reso conto che era veramente possibile raggiungere questo elemento invisibile, nel mondo, attraverso i suoi frammenti. Alla fine, con un po' di fortuna, sono riuscito a ottenere un aiuto dal CNC, qualche finanziamento dalla Delegazione per le Arti Plastiche, e un aiuto "in natura" dal Fresnoy, che ci ha prestato la cinepresa. Ho anche avuto un aiuto molto generoso da Eva Truffaut, che mi ha permesso di sforare il budget delle riprese – molto basso – e dai fratelli Dardenne, che hanno contribuito con un piccolo supplemento, rendendo possibile la post-produzione. A conti fatti, le riprese si sono svolte nelle condizioni di un cortometraggio: non tutti sono stati pagati, e abbiamo dovuto girare in un arco di tempo molto limitato. Però alla fine il film dura un'ora e tre quarti, ed è stato possibile proporlo a Cannes, dove ha partecipato alla Quinzaine des réalisateurs.

Non avendo mai studiato cinema, come si è formata la sua coscienza cinematografica?

Il cinema è stato sempre importante per me, mi colpiva molto, sin da piccolo. Ho scoperto il cinema verso i tredici anni, lo racconto spesso. Prima avevo visto molti film, ma erano soltanto *movies*, "moventi" secondo l'idioma dei Barbari, film di "ragazzi-vacca"... cow-boy movies!

A tredici anni non so come mai perché non erano affatto dei cinefili, i miei genitori mi hanno portato a vedere *La dolce vita*. Prima di allora non avevo mai assistito a qualcosa che potesse essere considerato vero cinema. Quello è stato il mio primo film, e dura tre ore, in italiano, coi sottotitoli...

Ha visto La Grande Bellezza?

Sì, non l'ho trovato un brutto film, anche se è un po' triste che nel 2013 uno dei pochi bei film italiani sia una sorta di neo-Fellini... ha degli aspetti interessanti, e un grandissimo attore, ma quando ho visto *La dolce vita* – l'originale – nel 1960, mi ha veramente segnato. Poi, un po' più grande, quando abitavo lontano dal centro, dovevo prendere la metropolitana tutti i giorni per vedere i film che mi interessavano. C'era un cinema molto famoso nella Nuova York, il "Blicker Street", nel Greenwich Village... è uno dei pochi luoghi della Barbarie di cui conservo la memoria, quando ci torno mi sembra di rivedere il mio fantasma. Ho un bel ricordo del Village sotto la neve, e di Washington Square – la prima volta che ci sono andato da solo avevo tredici anni, e c'erano ancora edifici antichi. Era un mondo molto particolare per me. Le proiezioni cominciavano la sera, ma visto che in Barbarie si cena solitamente alle cinque del pomeriggio, era possibile andare presto agli spettacoli e con lo stesso biglietto si potevano vedere tre film di seguito: è stata un po' la mia *cinémathèque*. Avevo l'impressione che fossero dei film vecchi, classici, anche se avevano soltanto qualche anno. È stato così che mi sono fatto una cultura cinematografica. Il mio primo contatto con Robert Bresson è stato in occasione della proiezione in quel cinema de *Il diario di un curato di campagna*. Non sapevo assolutamente niente di Bresson, ma il film mi aveva colpito moltissimo, anche se ancora non capivo quello che lui faceva col linguaggio.
La mia scuola di cinema è stata questa: vedere film. Quando ho visto *Deserto rosso* di Antonioni, verso i 16 anni, nel corso della proiezione non ho fatto che ripetermi che avrei voluto fare cinema. Ma, almeno fino agli anni '80, non c'erano per me nemmeno

le premesse, non avevo contatti. E, del resto, per un certo periodo sono stato molto preso dalla mia attività teatrale.

Mi sembra di aver letto in un'intervista che, da giovane, aveva fatto una domanda d'ammissione per la Fémis.

No, non l'ho mai fatta. Avevo pensato, a un certo punto, di provare con l'IDEC, ma negli anni '70 era molto politicizzato, c'erano delle lezioni di marxismo-leninismo, e si facevano film militanti. Non era il posto adatto, e ho lasciato stare. Sono tornato ad essere un po' cinefilo verso gli anni '90, quando ho scoperto il cinema asiatico, e da quel momento mi è tornato un certo desiderio di avvicinarmi al cinema. Devo dire che in questi ultimi anni trovo poco tempo di andare al cinema. È anche vero che la cosa non mi tenta molto. Ho notato che c'è una sorta di livellamento, ogni tanto esce un film interessante, ma in generale provengono da paesi di cui abitualmente non si conosce la cinematografia.

Forse perché c'è un'urgenza, in queste cinematografie, che si è un po' persa in Europa?

Sì, sicuramente è così. Anche se c'è un film italiano che mi ha colpito moltissimo, qualche anno fa, *Le quattro volte* di Frammartino. È uscito in sala, in Italia?

Sì, ma in pochissime sale. È stato uno dei film italiani più interessanti di quel periodo. Il film precedente di Frammartino, Il Dono, risale a una decina d'anni prima.

Capisco. Io ho sofferto moltissimo del fatto di non aver potuto girare per cinque anni di fila, tra *La religieuse portuguaise* e *La Sapienza*; spero adesso di riuscire a lavorare in modo più regolare. Anche se, proprio ieri, ho ricevuto una notizia che mi ha veramente scioccato. Da quando ho iniziato a fare cinema, tutti i miei progetti sono passati attraverso il CNC. Non hanno dato sempre parere favorevole ai miei progetti, ma, in diciassette anni, sono sempre riuscito ad arrivare in commissione. Stavolta ho proposto un mediometraggio, un "mini film" - quindi sono in "competizione" con persone molto giovani, che spesso non hanno mai realizzato lungometraggi – e proprio ieri la produttrice mi ha detto che il mio progetto non è passato in commissione. Mi hanno chiesto di riscriverlo. Non conosco ancora i dettagli, ma ho il sospetto che me lo abbiano chiesto per delle ragioni "morali". È come una sorta di censura, quindi mi rifiuto di farlo. Nella peggiore delle ipotesi non farò il film. Non ho intenzione di riscriverlo. Penso che questo episodio riveli una certa direzione in cui stiamo andando, che non è molto positiva.

In che senso ragioni "morali"?

In Francia non riesco facilmente a trovare finanziamenti per i miei film, perché il mio cinema viene considerato "immorale". Soprattutto gli intellettuali, i critici, dicono che è moralmente sconveniente fare dei dialoghi che non siano naturalistici, mostrare una città, una strada dove non ci sono troppe persone per loro è moralmente inaccettabile, e quindi, di solito, nei primi cinque minuti del film si alzano ed escono. Ogni anno vergono prodotti circa 250 film, praticamente tutti uguali. Almeno tre quarti di questi lavori sono storie di coppie borghesi, che abitano in quartieri borghesi e hanno problemi sentimentali; oppure sono film sulle *banlieues*, trattate in maniera documentaria, e questo non mi interessa più di tanto, perché so che il problema esiste, lo vedo nella realtà, ma non ho voglia di chiudermi per due ore in un cinema perché qualcuno me lo mostri... Tra l'altro, con una sorta di martellamento morale, che forse permette al cineasta di lavarsi la coscienza. Ma questa è una mia scelta, forse fa parte della mia solitudine Prima parlavamo di Pessoa, e del tema dell'esilio...

La solitudine di cui parla è legata anche allo stile dei suoi film? Le critiche più dure che le sono state riservate parlano di un cinema "freddo", quasi irritante...

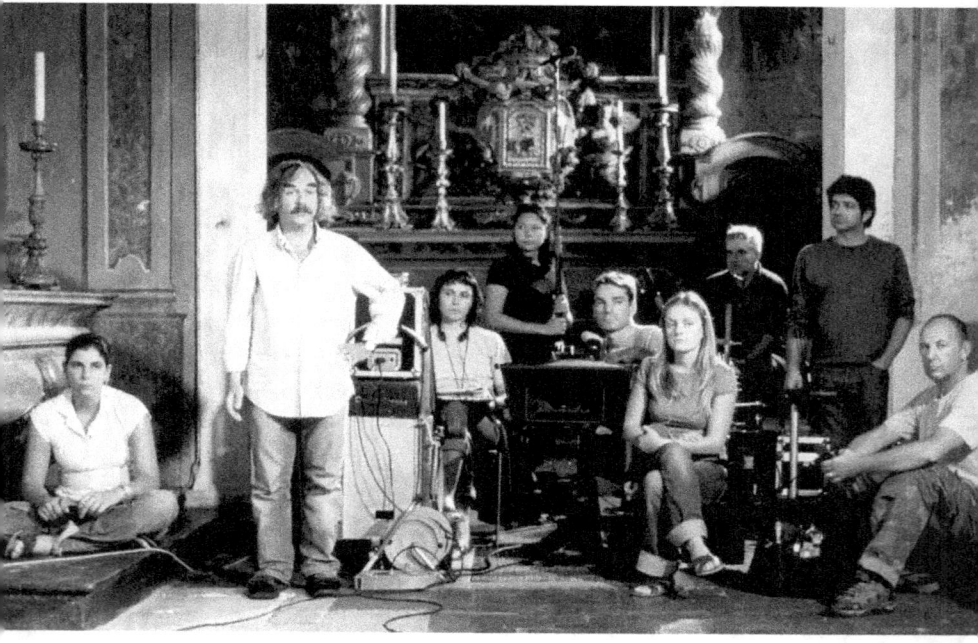

Una scena de *La religieuse portuguaise*

Sì non lo faccio volontariamente. A volte i miei film piacciono
di più alle persone semplici, che non sanno cosa sia la "normalità". Certo, sanno che stanno per vedere un film d'autore francese,
e la cosa è già stravagante ma si lasciano andare, non si fanno
problemi. Lo dico spesso al pubblico, di lasciarsi andare. Io stesso, quelle poche volte che rivedo i miei film, nei primi cinque o
dieci minuti mi dico che non va bene! Mi sembra di essere finito
non so dove! E poi, lentamente, divento uno spettatore normale
A volte mi capita di riconoscere che la cosa funziona, che è coerente. Non ci sono scelte arbitrarie, tutto è stato fatto con uno
scopo preciso, e tutti quelli che hanno lavorato al film lo hanno
fatto per questo. Allora, se tutto è fatto con coerenza, anche gli
elementi più strani di questi film, credo, finiscono per giungere
allo scopo.

Prima ha detto di essere tornato "cinefilo" grazie al cinema asiatico, negli anni '90. Sente di essere stato influenzato da questo nuovo modo di fare cinema?

Penso che le cinematografie asiatiche abbiano portato un rinnovamento molto importante nel cinema, mentre quello europeo negli anni '80 aveva preso una strada da cui mi sono allontanato, come spettatore. Sento una naturale affinità con alcuni cineasti asiatici, come Hou Hsiao-Hsien, Kore-eda, Edward Yang e soprattutto Apichatpong Weerasethakul, ma ho dei buoni rapporti anche con la giovane generazione di cineasti francesi, con ragazzi che hanno più o meno trent'anni – per esempio mi è piaciuto molto l'ultimo film di Daniel Manivel, *Le Parc*, e il film di Clément Cogitore *Ni le ciel ni la terre*, che è anche un amico. Seguo molto anche il cinema portoghese, che ha prodotto film importanti - chiaramente De Oliveira – ma anche João Pedro Rodrigues, Miguel Gomes, Pedro Costa. In generale però, nel mio lavoro non faccio riferimento al cinema esistente. Bresson mi ha molto segnato durante l'adolescenza: ho visto tutti i suoi film più volte, ma l'ultimo è stato *L'argent*, nel 1982. E ho realizzato il mio primo film, *Toutes les Nuits*, diciassette anni dopo. Quando si crea si parte dalla propria vita, dalla propria esperienza: l'arte è parte dell'esperienza. Un altro riferimento importante, per me, è Ozu: formalmente, i miei film assomigliano molto più a Ozu che a Bresson; ma non credo di aver mai ricalcato o citato delle inquadrature dell'uno o dell'altro. A volte, a proposito del mio lavoro, si è fatto riferimento ad Alain Cavalier o a Jean Eustache: i loro film mi hanno colpito, ma non ho mai avuto modo di rivederli dopo la prima volta, più di trent'anni fa. In generale sento dei legami con la stagione del grande cinema europeo, dalla metà degli anni '50 fino agli anni '70. Dal momento che sono una figura un po' atipica, per il mio percorso e per la mia età, può darsi che per alcuni giovani cineasti io rappresenti una sorta di patriarca "marziano", un legame tra il cinema degli anni '60 e '70 e la creazione cinematografica attuale.

Che rapporto ha con le giovani generazioni?

Mi piace molto confrontarmi con i giovani, mi è capitato di fare dei corsi alla Fémis, a Le Fresnoy o in altre scuole, e sono state sempre esperienze importanti. Quando parlo con loro mi rendo conto che cercano da me un incoraggiamento a continuare nella ricerca di spiritualità attraverso il cinema; è qualcosa che appartiene alla loro generazione, e che a volte si può vedere nei loro film. Ma spesso sono prigionieri della cultura dominante o di un clima intellettuale ostile. Negli anni '60 e '70 c'è stato uno scarto tra i film fatti dai cineasti più anziani, precedenti di una o due generazioni, e i sessantottini, loro spettatori, che avevano una cultura intollerante, con delle certezze assolute. Dal momento che gli ex-sessantottini hanno poi avuto molto potere, e che ancora oggi c'è un'eredità intellettuale di quell'epoca, sento che c'è un po' di preoccupazione tra i cineasti contemporanei che hanno delle aspirazioni spirituali. A volte ho l'impressione che, attraverso la mia semplice presenza, io possa essere un tramite. Facendo il mio cinema, e mantenendo il discorso che mi è proprio, aiuto altre persone a fare quello che, in ogni modo, devono fare, e che sicuramente faranno. In rapporto alla storia del cinema, può darsi che io sia una scheggia partita dal cinema degli anni '70 e arrivata all'inizio del XXI secolo.

Forse, però, i suoi legami vanno anche più indietro degli anni '70... avvicinandosi alla sua opera, la prima definizione in cui ci si imbatte, dopo quella di "regista franco-americano", è infatti quella di "cineasta barocco"...

[*Sorride*] Sì, lo so, questa cosa mi viene chiesta spesso, perché quando la gente parla di Barocco, questo vuol dire sempre "strano"... La cosa mi dispera profondamente, ma non ne sono responsabile...

Da dove nasce questo legame con l'epoca Barocca? E, soprattutto, cosa resta dell'uomo barocco oggi?

Diciamo che l'attrazione per il Barocco non appartiene alla mia coscienza. Può essere definita come una sorta di affinità elettiva. Quando vivevo in Barbarie non ne ero cosciente, e leggevo essenzialmente in inglese. Ero attratto soprattutto da Shakespeare e dai poeti barocchi che vengono definiti mistici. Per esempio John Donne, ed altri poeti meno conosciuti, come Richard Crashaw. Gli inglesi individuano questo come Rinascimento, ma è già un po' oltre, mentre i francesi lo chiamano Classicismo. In realtà, si tratta di Barocco Europeo. Ci sono anche altri periodi storici che mi interessano, ma alla fine ho capito che, per questo in particolare, non si trattava soltanto di un interesse intellettuale, estetico o storico. Perché prima gli scrittori, e poi i pittori, gli architetti, i musicisti di questa epoca mi danno delle risposte in relazione alla mia vita vissuta, che è una vita vissuta nel XX e XXI secolo. Ho capito che quello che mi colpiva di più era che l'uomo barocco viveva in permanenza un ossimoro. Durante i miei studi mi sono reso conto che, prima dell'epoca barocca, non esisteva alcuna contraddizione tra il pensiero razionale, anche scientifico, e la fede. Fino al Rinascimento, e durante il Medioevo, l'uomo credeva che Dio avesse creato il mondo, e fosse quindi visibile nella sua creazione. Qualsiasi elemento dell'universo, in questa visione, era un frammento della creazione di Dio e quindi, in un certo senso, uno specchio nel quale si rispecchiava la sua presenza. Ma lo sviluppo del pensiero razionalista, a partire dal Rinascimento, ha fatto sì che il pensiero scientifico tendesse alla costruzione di un modello razionale dell'universo, in cui tutto si poteva spiegare con la ragione. Questo, in un certo senso, eliminava la necessità di Dio. A partire da quel momento, la presenza divina ha smesso di essere visibile nel mondo. Durante il periodo Barocco, dalla fine del XVI secolo all'inizio del XVIII, l'uomo ha vissuto un ossimoro: pur continuando a seguire il pensiero razionalista, ha creduto ancora nell'esistenza di Dio come realtà suprema. E questo ha determinato un paradosso, poiché si passava una gran parte del tempo a studiare il mondo naturale, ma dal momento che Dio, la realtà suprema, non era visibile nel mondo naturale, questo significava che il mondo stesso era irreale, e che la realtà si trovava altrove. In un altro luogo, in una distanza.

È ancora possibile, oggi, vivere in questo ossimoro?

Nel XVIII secolo, marginalizzato il sacro e promosso il pensiero razionalista, si è ritenuto che il problema fosse risolto. Ma di fatto non è così, perché l'uomo mantiene sempre in sé una parte spirituale, tende sempre ad una ricerca spirituale. È in questo che l'uomo barocco fornisce un modello per la contemporaneità. Modello che mi permette in un certo senso di vivere il mio "esilio", come lei l'ha definito, dal momento che in esso – non nelle sue forme esteriori, ma nella sua costruzione interiore – ritrovo uno stile di vita, un modo di essere. Per portare più avanti il discorso, ritengo che il cinema sia un'arte che ha un rapporto profondo con l'epoca Barocca. Dal momento che la materia grezza del cinema è la realtà del mondo materiale – almeno quando si filma in pellicola, perché con il digitale ormai si può fare qualsiasi cosa – quando si filma in pellicola, si captano dei frammenti della realtà. E poi, nel montaggio del film, grazie al linguaggio cinematografico, si può rendere visibile allo spettatore un'energia spirituale che è nascosta proprio in quegli elementi materiali del mondo. E questo è chiaramente un ossimoro non dissimile da quello dell'uomo barocco, che permette di mostrare un aspetto invisibile del mondo.

In tutti i suoi film, attraverso questo ossimoro, si verifica sempre un equilibrio tra l'intelletto e la spiritualità...

Penso che, nell'arte, l'intelletto non dev'essere utilizzato che per servire l'emozione, per trovare il modo di far emergere le emozioni più profonde e più vere.

Come arriva a gestire questi diversi elementi in un'unità?

Penso che tutti i grandi artisti trovino il proprio modo di farlo.

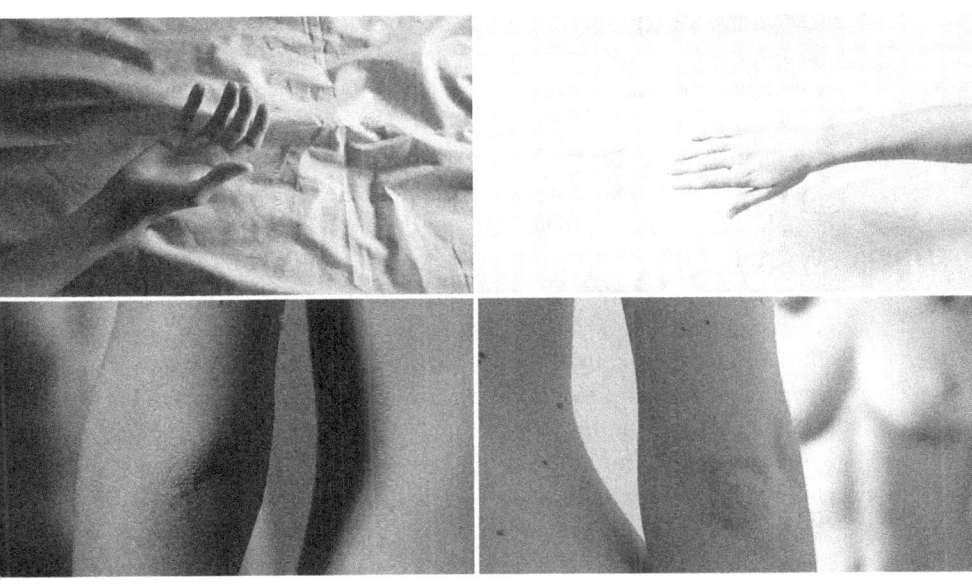

Quattro fotogrammi da *Correspondances*

Alcuni in maniera più cosciente di altri... Pessoa, per esempio, era molto cosciente, e questo era anche il suo problema. Era "troppo intellettuale". Per questo ha dovuto creare gli eteronomi, dei "sensazionisti", come li chiamava lui. Personaggi che vivono una realtà metafisica, una sensazione, che nasce dall'intelletto, dalla sua capacità di astrazione; e su questo elemento ha fondato la sua poetica. Per quanto mi riguarda, non sento il bisogno di creare degli eteronomi, anche se, in un certo senso, quando si crea una finzione si finisce sempre per crearli. In nessuno dei miei personaggi ci sono io, ma allo stesso tempo sono io a inventarli, e questo dà vita a una sorta di "teatro dell'anima", come diceva Pessoa a proposito del gioco degli eteronimi.

Per riempire un grande desiderio, una mancanza in se stessi, c'è bisogno di un'assenza?

Sì, esattamente. E questo è un altro dei legami che ho con l'epoca barocca. A partire dal XVII secolo, l'uomo barocco ha compreso che l'unica via per trovare la "presenza" nel mondo moderno è quella dell'assenza. Ed è quello che faccio io. Per esempio, attraverso una figura stilistica che non ho certo inventato io, che appartiene alla retorica e che, nel cinema, è stata potenziata soprattutto da Bresson: la sineddoche, una parte per il tutto. Un esempio è la scelta di frammentare il corpo, di mostrare solo i piedi o le mani: creando un'assenza, si crea la presenza. L'immagine della singola parte del corpo, per quello che contiene realmente, ma soprattutto per l'assenza di quello che non vediamo, può produrre un'impressione fortissima. Per il cinema questa figura è veramente importante. Lei ha appena detto qualcosa di molto profondo, su cui vorrei riflettere. Penso che per creare qualcosa di forte, e quindi per essere un artista di un certo valore, c'è bisogno di un'assenza in sé. Non penso sia soltanto il cliché dell'artista maledetto, dell'artista triste. Io non mi considero affatto maledetto, ho avuto anche un po' di fortuna, in un certo senso. Ma è evidente che non sono affatto "normale". E allora, nella misura in cui non sono "normale", c'è un'assenza, ci sono sofferenze, dolori. Ed è per riempire questa assenza, o proprio cercando di riempirla, che arrivo a creare. L'assenza può anche essere un sentimento di assenza: un'assenza di amore, un'assenza di Dio; ma è sempre qualcosa che stimola la creazione. Io penso che senza assenza non possa esserci presenza, e senza presenza non possa esserci opera d'arte.

Le sue storie hanno sempre a che fare con una disgregazione. Si parte da una situazione di frammentazione, c'è una rottura dell'unità, come un peccato originale, e i film sono un processo continuo di ricostruzione. La distruzione è una condizione di partenza necessaria per comprendere se stessi?

Penso che la civilizzazione abbia attuato una distruzione dell'unità, sistematicamente e globalmente, lungo tutto il XVIII secolo. Per cui, quando si nasce nel XX o nel XXI, si è già decostruiti.

Soltanto alcune persone, a causa di qualcosa che si potrebbe definire la "grazia", riescono a trovare in se stessi il bisogno di ritrovare questa unità, o almeno di recuperare i frammenti per metterli insieme in un ossimoro. Nei miei romanzi forse è più evidente. Per esempio ne *La bataille de Roncevaux*, il protagonista è un giovane basco, francese, che nasce con due lingue diverse, e comprende che, grazie a questo, esiste due volte, perché si esiste attraverso una lingua. E quindi la sua diventa una ricerca di unità, soprattutto dal momento che una di queste lingue ha un valore più affettivo, mentre l'altra ha un valore più intellettuale. È una battaglia per conservare questa parte di universo.

Nel suo libro Poétique du cinématographe, *legato al tema della presenza, si ritrova spesso il concetto dell' "unità", derivato dal mistico tedesco Meister Eckhart.*

L'unità assoluta è ciò che Eckhart chiama l'"Uno", ed è la realtà di Dio. Ma io penso che l'uomo non possa mai conoscerla direttamente: anche nei grandi mistici la conoscenza avviene sempre attraverso delle raffigurazioni. L'uomo deve cercare l'Uno in se stesso, e così tendere a raggiungere questo stato di Unicità, ma dal momento che l'uomo è composto da una pluralità, il raggiungimento dell'unità è molto difficile.

Lei scrive che il cineasta deve trovare questa unità in se stesso; e, allo stesso tempo, parla di una sorta di schizofrenia dell'uomo moderno...

Sì, perché i grandi mistici, in certi momenti – non sempre – sono pervenuti ad un unità interiore, ma questo non porta a una condizione creativa: al contrario, quando si arriva a questa unità, si è in uno stato di passività assoluta; uno stato ricettivo che permette, in qualche modo, di accogliere l'Unità. Credo, però, che il solo sostituto, o la sola forma di unità cui l'uomo possa aspirare sia l'ossimoro, cioè la riunificazione in un solo elemento di cose contraddittorie, che sono, per la ragione, esclusive. Quella che definisco l'"unità necessaria" per la creazione, deve essere in grado di sopportare questo ossimoro. L'uomo contemporaneo, in generale, rifiuta l'ossimoro: preferisce piuttosto costruirsi una falsa unità, escludendo alcuni elementi di se stesso, e pensando così di aver trovato quello che cerca, adoperando un unico punto di vista. Ma se si accetta la realtà del sé, si deve necessariamente essere plurali. Lei ha parlato poco fa della commistione tra intelletto ed emozione. Per me, la "ragione", un processo puramente intellettuale, e l'"intelligenza", che è, nei fatti, legata alle emozioni e ai sentimenti, sono cose in qualche modo antitetiche, anche se l'uomo le contiene entrambe. Così, quando scrivo qualcosa, un film o un romanzo, cerco di far agire insieme, in me stesso, questi due elementi, per creare qualcosa di armonioso che può, in un primo tempo, toccare lo spettatore o il lettore, ma che può anche spingerlo a una riflessione, e portargli qualche nuova idea. Tutti i grandi poeti barocchi hanno vissuto questa contraddizione. Il Tasso usava in continuazione gli ossimori, persino i suoi personaggi sono degli ossimori, ma l'opera nel suo insieme restituisce un'impressione di armonia. Io ritengo che l'arte debba essere armoniosa, ma non nel senso del XIX secolo, di armonia classica. Detesto il termine "classico": è molto artificiale. Per "armonia classica" si intende, in genere, qualcosa che è stato creato solo dall'intelletto e dunque non è molto interessante. L'armonia delle grandi opere d'arte, invece, è sempre apparente: è data dall'unione, in qualcosa di sensato, di elementi che inizialmente sono contrari.

Quanto è difficile cercare questa unità spirituale? Lei crede di averla trovata?

Ho dedicato tutta la vita al lavoro, e, adesso che ho una certa età, sento di dover essere più concentrato, perché ho la consapevolezza che ogni giorno che passa... Quando si è giovani, giustamente, non ci si pensa; non si dà molta importanza al giorno in cui la vita potrebbe finire. Però quando si arriva alla mia età ogni giorno è importante; se un giorno non riesco a far nulla, so che lo sto togliendo al mio lavoro, e non potrò riaverlo indietro. Quindi cerco di utilizzare il mio tempo al meglio. Tuttavia la pace non la si trova mai del tutto. Ho scritto una volta una poesia, pubblicata nella raccolta *Le présent de la Parole*, che si chiama *Prière a Port Royal*: mi piace molto l'ultimo verso, può darsi che lo farò scrivere sulla mia tomba, come epitaffio. L'ho scritta almeno quindici anni fa; non ero più un ragazzo, ma mi sentivo molto più giovane, perché non mi rendevo ancora conto del passare del tempo. È l'evocazione di una passeggiata che ho fatto durante il montaggio di *Toutes les nuits*, quando sono andato sulle rovine di Port Royal, che sono ancora lì e per me hanno un senso molto profondo. Non mi ricordo esattamente come arrivo al finale, ma c'è un'evocazione della morte come momento di dissolvimento. L'ultimo verso dice: *Pour que ce soit enfin la paix qui me remplace – Perché sia infine la pace che mi subentri*. Penso che, fino alla fine, ci sia sempre in sé un conflitto tra elementi contraddittori. È vero che adesso, forse, sto cercando in modo più cosciente questa pace, che arriva attraverso il lavoro e una ricerca spirituale più concentrata... Ci sono delle cose che ho letto molte volte, da giovane, ma che adesso mi arrivano più in profondità.

Lei proviene da una famiglia di cultura ebraica, ma spesso nei suoi film ci sono dei riferimenti alla tradizione cristiana.

Penso che la spiritualità vada oltre ogni sistema e ogni tradizione culturale. L'uomo, però, non vi si può avvicinare in maniera astratta, deve necessariamente utilizzare una tradizione spirituale. La mia è quella europea, giudaico-cristiana. È vero, sono nato in una famiglia di tradizione ebraica che, in una certa misura, praticava, ma senza crederci troppo. In Barbarie non trovavo alcun elemento spirituale, se non le immagini. Da piccolo, verso i sei anni, ho visto un quadro di Jan Van Eyck, a New York: un dittico sul Giudizio Universale che mi ha molto impressionato, perché c'era la Crocifissione, e quello è stato il mio primo contatto col cristianesimo. Progressivamente sono diventato di cultura cristiana, anche se dico sempre di essere un cattolico del "Nartece"... Sa cos'è?

Non proprio...

Nelle basiliche medioevali, o antiche, come San Marco a Venezia, prima di arrivare alla navata c'è una specie di anticamera, destinata inizialmente ai fedeli non ancora battezzati, che non avevano il diritto di entrare nella navata. Oggi si è più tolleranti anche se in Francia è un forte svantaggio essere classificato "artista cattolico", ed è un'etichetta che non amo. Per me è una cosa molto personale, sento dei legami profondi con una tradizione spirituale che si è sviluppata in Francia nel XVII secolo, il Giansenismo di Port Royal. È stato un movimento importante nella cultura francese, anche se ancora oggi ci sono moltissime persone ostili nei suoi confronti. È difficile oggi portare avanti un discorso sulla spiritualità, c'è un'ostilità abbastanza violenta preferisco non parlarne.

A volte si ha l'impressione che nel suo cinema il male venga espulso. Nel caso de Le Pont des Art, *per esempio, il principale antagonista viene chiamato semplicemente "l'Innominabile", gli viene negata la possibilità di avere un nome.*

Sì, però ne *Le Pont des Arts* c'è anche una "rappresentazione" del male, attraverso il personaggio che viene definito "l'Innominabile". L'esistenza del male è un problema che gli uomini si pongono da sempre, in particolare nella tradizione giudaico-cristiana. Essendo il mondo una creazione di Dio, in principio, ci si chiede come sia possibile che il male esista: è stata anche questa opera di Dio? È come un mito; il mito è sempre qualcosa che esprime una verità. Il mio mito, personale, è l'idea che soltanto in alcuni momenti noi siamo veramente dentro la realtà: il mondo creato da Dio. La maggior parte del tempo, invece, siamo nel Sogno di Dio... Tutti quanti fanno dei sogni di notte, a volte cose molto spaventose, e ci si tranquillizza soltanto svegliandosi, dicendosi che sono cose che non esistono. Durante l'epoca barocca questa era un'idea cruciale. In un celebre passaggio, Pascal dice: «Chissà se quello che noi chiamiamo lo stato di veglia non sia un altro sogno, da cui ci sveglieremo soltanto nel momento della morte». La mia idea del male è un po' questa, il male è il Sogno di Dio... È qualcosa che non esiste realmente, ma che procura una grande sofferenza, perché in qualche modo entra in contatto con la realtà del mondo. Ed è su questo punto che, stranamente, mi allontano dalla visione Agostiniana del mondo, quindi anche la visione dei giansenisti, per cui la corruzione del mondo viene dal peccato originale, secondo il mito giudaico-cristiano. Su questo argomento non riesco ad essere pessimista, perché credo sempre che, da qualche parte, esista sempre qualcosa di più forte di questa corruzione. Effettivamente, adesso che mi ha fatto questa domanda, mi rendo conto che nei miei romanzi il male è rappresentato in modo più esplicito, mentre nei miei film non è molto presente, forse perché mi concentro soltanto su alcuni frammenti del mondo. Attraverso il cinema cerco la realtà spirituale nascosta sotto l'apparenza materiale, ed è sempre qualcosa di positivo. È vero che ne *Le Pont des Arts* non ho voluto mostrare esplicitamente il male. Ne *Le monde vivant* è rappresentato dall'orco, ma negli altri film non c'è mai una rappresentazione frontale. Nei miei romanzi è un po' diverso, ne *La reconstruction* ci sono dei ricordi del nazismo, ma anche negli altri romanzi il male è trattato in modo esplicito. Effettivamente, c'è una grande differenza tra i miei romanzi e i miei film.

Come mai c'è questa differenza? Ha a che fare con il rapporto tra l'immagine e la parola?

Non credo... penso sia piuttosto perché quello che voglio esprimere col cinema è diverso. So che alcuni, vedendo *Le Pont des Arts*, sono rimasti scioccati dalle scene con l' "Innominabile", dalla parte satirica, dicendo che non era adatta per il cinema – ma penso sia io a dover decidere cosa sia adatto. All'epoca rispondevo sempre che, per me, era necessario rappresentare quel tipo di male, visto che è qualcosa di inesistente in rapporto alla realtà, rappresentata dai personaggi positivi. La tua domanda è stata molto interessante, dovrei pensarci su ancora.

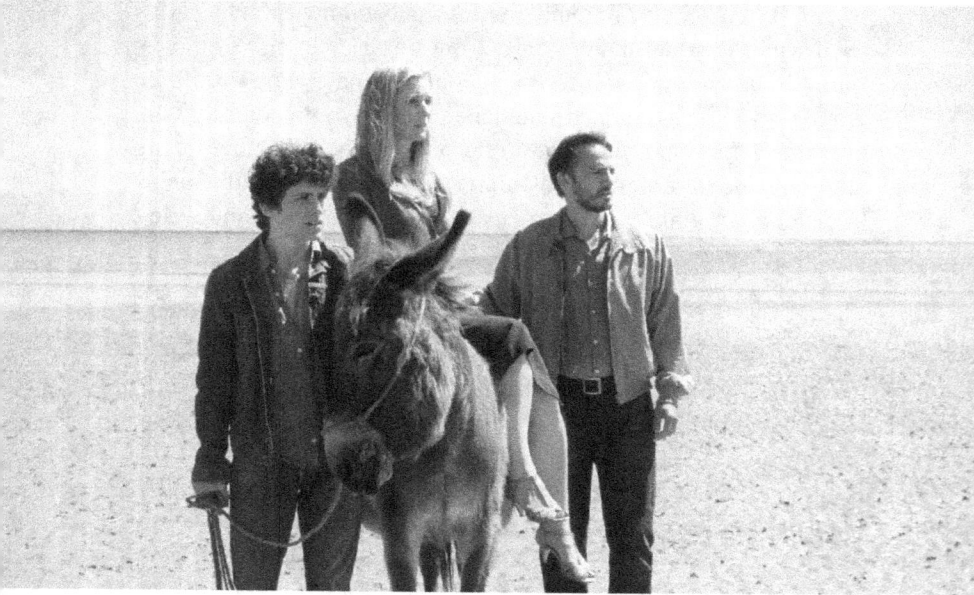

Victor Ezenfis, Natacha Régnier e Fabrizio Rongione ne *Le Fils de Joseph*

Per tornare a Port Royal, Lucien Goldmann, nel suo saggio Il Dio nascosto, *parla della "visione tragica" dell'uomo barocco, che, storicamente, si trova per la prima volta di fronte ad un bivio tra l'esigenza spirituale – la ricerca della presenza di Dio – e l'avvento della ragione, e del sapere scientifico. Trovo delle affinità con il suo discorso sull'ossimoro barocco...*

Sì, Goldmann è una figura particolare: un marxista degli anni '60, e per questo doveva vedere il periodo Barocco con un certo orrore, ma anche un po' con simpatia. Pur mantenendo un punto di vista materialista, è arrivato a toccare delle cose molto profonde, tra cui appunto questa "visione tragica", propria dei giansenisti, che ha avuto un'influenza enorme sulla cultura francese, dal momento che quasi tutti i grandi scrittori dell'epoca barocca erano legati a Port Royal. Racine ci è cresciuto, Pascal ne è divenuto il portavoce, ma anche Madame de la Fayette, autrice di *La principessa di Clèves*, era molto legata al giansenismo; François de La Rochefoucauld... E poi Philippe de Champaigne, grande artista, pittore ufficiale di Port Royal. Effettivamente li accomuna la "visione tragica". Penso anch'io di avere una visione tragica, anche se mi sforzo sempre di raggiungere qualcosa di gioioso... Penso che la tragedia non debba necessariamente arrivare, ovunque, a dei cadaveri. Condivido la visione agostiniana, tragica, dell'uomo – anche se in Sant'Agostino si inserisce nella prospettiva teologica del peccato originale. Penso che il male esista veramente in questo "sogno di Dio". Certo, tutti gli uomini portano in sé il male, ma credo vi sia la possibilità di un'elevazione spirituale. Preferisco la versione Giansenista, piuttosto che quella dei Gesuiti, perché per i giansenisti questa possibilità di elevazione non dipende dalla volontà dell'uomo, che può fare poco. Senza la grazia non è possibile alcuna azione. Mentre per i gesuiti tutti gli uomini ricevono alla nascita quel po' di grazia sufficiente a scegliere tra il bene e il male. È un argomento che i gesuiti hanno utilizzato un po' a loro piacimento. Non so se ha letto *Le provinciali* di Pascal: c'è una parte molto tecnica sulla grazia. È sostanzialmente un'opera comica, la più stravagante di tutta la letteratura francese, nella quale Pascal prende in giro i gesuiti semplicemente citando i loro testi. Il personaggio che scrive le lettere racconta come vive un padre gesuita, e non fa che citare quello che dicono i gesuiti... È così terribile da risultare divertente...

Un altro aspetto di questa "visione tragica" è che sembra implicare una grande solitudine.

Sì, è vero. Forse è per questo che si può legare agli artisti, dal momento che l'artista sperimenta sempre, in una parte di sé, la solitudine. Un'assenza di "normalità" che, in una certa misura, può precludergli un ruolo nella società e le relazioni con gli altri.

Lei ha lasciato il suo paese, la sua religione, per ricostruirsi una nuova identità in Francia. Ha iniziato studiando i testi della tradizione barocca, ha fondato una compagnia teatrale, ed alla fine è approdato al cinema, verso i cinquant'anni. In questa solitudine "tragica" è come se ci fosse un continuo cambiamento...

Effettivamente, provo il sentimento d'aver vissuto più vite. E questo, forse, complica le cose, perché, in generale, le persone si specializzano e arrivano a conquistare un territorio, ad ottenere un potere che poi conservano, e che permette loro di continuare. Io, avendo cambiato spesso vita, non ci sono riuscito. E forse è stato un vantaggio, perché mi ha permesso di non restare chiuso in una cosa particolare, in una routine. Anche per quanto riguarda i miei film, vi sono sempre dei cambiamenti. Mi sono appassionato alla cultura portoghese, poi alla cultura e alla lingua basca, e ho finito per realizzare un documentario lì, *Faire la Parole* – ed è un genere che non avevo mai affrontato prima. Adesso sto lavorando anche a un nuovo progetto di finzione, ispirato a un mito basco...

Ne La reconstrucion, *il suo primo romanzo, lei scrive che "tutti gli uomini liberi sono soli". Si sente un uomo libero?*

Sì, in questo senso sì. Ma il prezzo da pagare è che non so come fare con la banca il mese prossimo, visto che il mio conto è in rosso. Sto rileggendo proprio in questi giorni una biografia di Pessoa. L'autore, Robert Bréchon, scrive che Pessoa, da ragazzo, rientrando in Portogallo dopo aver finalmente deciso di trascorrere lì la sua vita, non voleva intraprendere alcuna attività che gli desse un ruolo nella società. Avrebbe potuto avere un impiego sicuro e guadagnare molto bene, ma ha sempre deciso di lavorare come libero professionista, come traduttore o corrispondente commerciale, perché voleva sentirsi libero. Pessoa stesso parla di "*Solidão*", perché sapeva che la vita che aveva scelto lo avrebbe condotto alla solitudine. Ma era il prezzo da pagare per la libertà e per la possibilità di creare...

Parola, Luce, Sogno

La mattina dopo, la nostra conversazione si sposta al Cafè de la Mairie, un piccolo bar storico nel quartiere di Saint-Germain. Con grande naturalezza, Eugène mi guida al secondo piano, dove mi mostra il suo posto preferito: un tavolino in legno, accanto ad una delle grandi finestre che danno sulla piazza di Saint-Sulpice. A quell'ora, il secondo piano del locale è vuoto, e gli unici rumori che si sentono sono quelli, ovattati, della città.

So che ha vissuto molti anni in questo quartiere.

Sì, gran parte della mia vita l'ho passata qui; ho trascorso diciannove anni nella strada accanto, la Rue des Canettes. Tutte le mattine, verso le otto e mezzo, venivo sempre qui a scrivere. È uno dei pochi *café* parigini in cui non c'è musica. Il proprietario, che conosco bene, è assolutamente contrario. Uno dei problemi della nostra civilizzazione è che il silenzio è vietato, come sono vietate altre cose importanti, come la narrazione liberata dal naturalismo. Qui c'è una grande calma, ma non mi sento mai solo, perché c'è la città che scorre, e le persone che vengono a prendere un caffè al bar. Ora è un luogo che mi manca molto, visto che da sei anni abito sulla *rive droite*. Ogni tanto ci vengo, ma è un po' lontano. Nel mio nuovo quartiere ci sono molti *café*, ma sono sempre pieni di gente, e con la musica tutto il giorno.

Le è venuta in mente qualche idea, qualche scena per un film qui?

In realtà la maggior parte dei miei film sono stati scritti qui, proprio a questo tavolo. Le prime versioni di ogni lavoro, prima di trascriverle nel mio "calcolatore elettronico" – il computer – le scri-

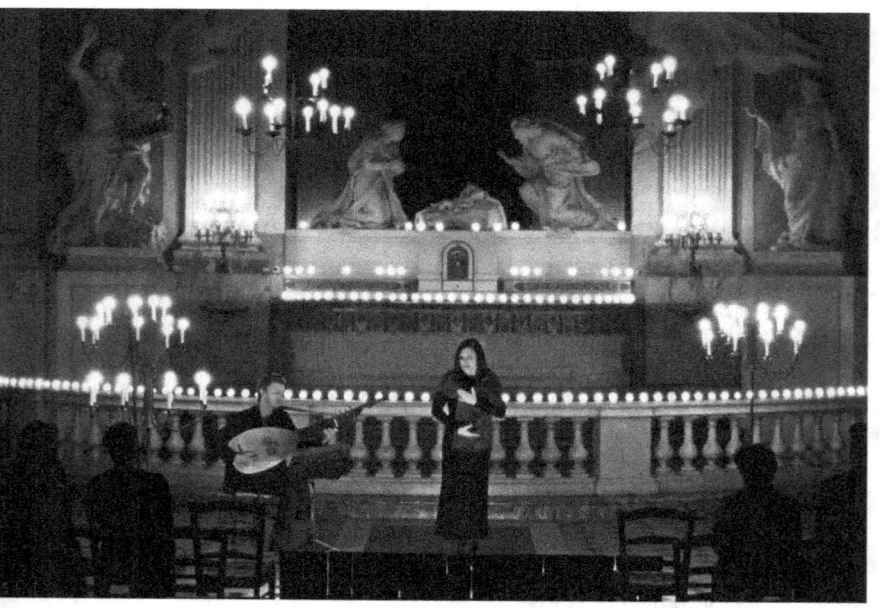

Una scena de *Le Fils de Joseph*

vo sempre a mano, su un quaderno come questo... [*mostra il suo taccuino fitto di parole, inanellate con precisione da amanuense*].

È molto preciso! C'è una consonanza con la simmetria dei suoi film...

Non sono ordinato in tutto, ma nel lavoro artistico diciamo di sì. Cerco sempre una forma di armonia. Non è molto di moda, ma credo nella bellezza. E penso che la bellezza si fondi sempre su un'idea di ordine, su un'armonia.

Nei suoi film c'è una grande ricerca estetica e, appunto, di armonia. Insegue un'ideale di bellezza?

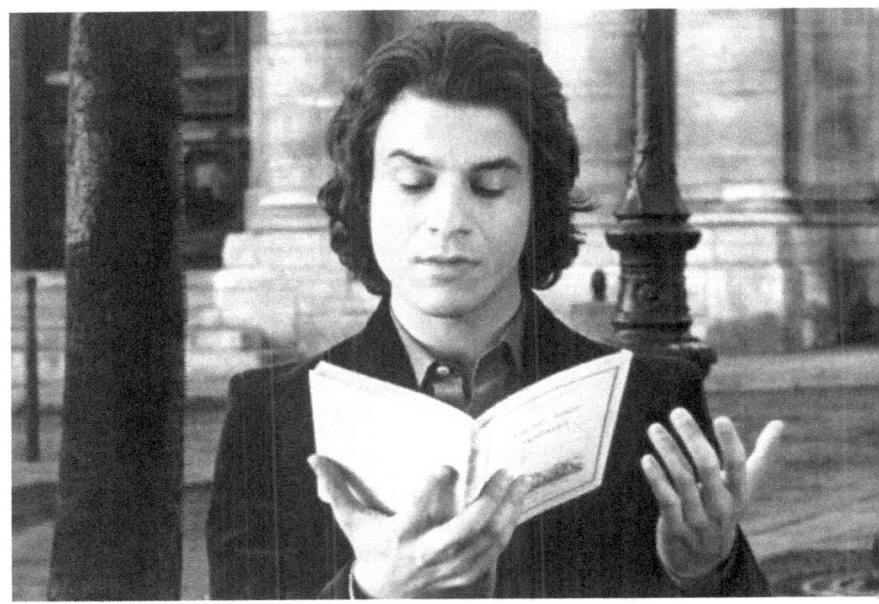

Adrien Michaux ne *Le Pont des Arts*

La mia idea di bellezza l'ho espressa ne *Le Pont des Arts*, uti-
lizzando questo ponte come una metafora. Credo che il grande
problema di cui ognuno dovrebbe prendere coscienza nella propria esistenza sia che si deve morire. Tutte le tradizioni religiose cercano di dare i mezzi per comprendere questa verità e si
pongono come fonte di speranza e accettazione in rapporto ad
essa. Ritengo che la bellezza sia il miglior mezzo per rendere
questa comprensione effettiva, e non soltanto un fatto intellettuale. L'emozione che provoca la bellezza – della natura, di una
persona, di un'opera d'arte – ci mette direttamente in contatto
con l'indicibile, con qualcosa che è aldilà della materialità delle
cose. Questo ha a che fare con la tradizione platonica, con l'idea
che si possa indovinare la fonte della bellezza attraverso la bellezza stessa, che si possa toccare una realtà spirituale oltre l'ap-

parenza; e che la materialità delle cose non sia che un semplice riflesso di un'altra realtà, più vasta e profonda.

Crede in una sorta di "purezza" dell'arte? I suoi film hanno sempre un aspetto molto minimale, essenziale.

La purezza? Non saprei... Verso la fine del XIX secolo, c'è stato il grande movimento dell' "arte per l'arte", che ricercava un'idea di purezza. Penso abbia prodotto alcune grandi opere, ma è una concezione un po' sterile. Di solito idee di questo tipo corrispondono a epoche in cui le persone sono più sterili, un po' indurite. Credo che l'arte sia sempre fondata sull'esperienza dell'artista, ma credo anche che questa non basti da sola. Oggi c'è l'idea che l'esperienza dell'artista sia prima di tutto una cosa fisica e materiale, qualcosa che vive puramente nel presente. Per me, invece, l'esperienza dell'artista è in gran parte una esperienza spirituale, in rapporto con la cultura. La cultura gioca un ruolo molto importante nella vita vissuta. Diciamo che il mio percorso artistico tende a una certa purezza, a una concentrazione di cose ridotte all'essenziale. Non credo affatto in un'arte completamente slegata dalla vita reale. Credo che ci debbano sempre essere sia degli aspetti spirituali che degli aspetti materiali e fisici.

Lei oggi ritrova nell'arte, in generale, la presenza di poetiche, di idee sul mondo?

Non saprei. Quella che viene definita "arte concettuale" in fondo non è che una forma bizzarra di "arte per l'arte", dal momento che è fondata unicamente su un aspetto intellettuale, e questo di solito non produce emozione. Non parla direttamente al pubblico: chi guarda deve leggere le istruzioni, e solo dopo può rapportarsi con quello che vede. Io sono abbastanza ostile a questa idea. Nel complesso, non rifiuto l'arte contemporanea, ma penso che una parte di essa sia completamente sterile. È qualcosa che ho cercato di spiegare molte volte, e ho anche scritto delle poesie su questo. Mallarmé è stato uno degli ultimi grandi poeti francesi, ma ha scritto soltanto pochi versi, dei frammenti: viveva in una sorta di sterilità, di cui era cosciente. Lo definisco un padre del cinema, perché quello che faceva, in fondo, era un tentativo di restituirci la Parola. E quello che, nel suo contesto storico e sociale era impossibile, è diventato possibile soltanto con l'avvento del cinema. Una volta la parola era utilizzata per indicare qualcosa – oggi si direbbe che era un "segno" – ma possedeva anche un corpo materiale. Prima del XVIII secolo tutta la letteratura doveva diventare orale, incarnarsi, altrimenti non era affatto grande letteratura. La parola aveva un corpo e un'anima: conteneva un'energia, un mistero insondabile, qualcosa che non era possibile individuare con precisione, e che determinava la sua potenza.

Qual è esattamente il legame con il cinema?

Il cinema prende, capta qualcosa di reale, e lo fa diventare come una parola. Posso anche rappresentare questa tazza dicendo la parola "tazza", ma questo oggetto ha prima di tutto una forma fisica reale, e poi un'energia, che è un tipo di energia presente sia nelle cose inanimate che nelle creature viventi. Quando questi frammenti, che corrispondono alle parole, sono messi insieme in un film, e mostrati, lo spettatore può rendersi conto di tutti gli aspetti presenti nell'inquadratura. Funziona esattamente come la parola così come era fino al XVII secolo. Mallarmé ha cercato di restituire alla parola il suo valore antico e polivalente, facendo una ricerca che andava nello stesso senso del cinema Solo che il cinema è stato inventato due anni dopo la sua morte.

In che senso i frammenti del film corrispondono alla parola? Qual è il passaggio tra la parola e il cinema?

All'inizio dell'800, il razionalismo ha cercato di ridurre la parola ad un semplice mezzo di comunicazione, ma verso la fine del secolo alcuni artisti hanno sentito il bisogno di restituire alla parola la sua forma polivalente. È il caso di Mallarmé, come anche di Baudelaire o Flaubert. Tutti questi scrittori hanno fatto uno sforzo che ha causato loro grande sofferenza, perché portava ad una strada senza uscita. Poi, qualche anno dopo – e non credo che sia un caso – è stato inventato il cinema, che per me è l'equivalente moderno della parola, se non proprio una risposta alla sua crisi. Prima è nata la fotografia, e poi il cinema, che utilizzava la fotografia in un modo ancora più complesso, come la parola. Ritengo che la parola abbia un legame con la realtà materiale, contrariamente alla pittura o alla scrittura, le quali devono ricreare il mondo dal nulla, con i colori e le parole. Il cinema, al suo primo livello, cattura la realtà materiale di una persona, di un muro, di una strada e arriva ad acquistare polivalenza attraverso il secondo livello, che è il montaggio. Perché l'immagine cinematografica, in base a cosa la precede e a cosa la segue, acquista un senso diverso: ci sono molti significati, ed effetti possibili, nel modo in cui è inserita nel film. E così diventa una parola, con un corpo e uno spirito. Il terzo livello, almeno per alcuni cineasti, i più grandi, consiste nel rendere gli elementi spirituali presenti nell'immagine. Il cinema può rendere l'energia spirituale attraverso un'immagine del mondo materiale, immagine che nel suo contesto non produrrebbe lo stesso risultato. Quando dico che la parola è la base dell'arte cinematografica, non mi riferisco al parlato nel film, ma al fatto che il film è l'equivalente della Parola, così come è stata nella tradizione occidentale, a partire dalla cultura greca ed ebraica, fino alla fine del XVII secolo.

Non le sembra che questa idea di cinema rischi di essere troppo "concettuale"?

Non mi sembra. Faccio un altro esempio. Debussy, malgrado le costrizioni imposte dalla civilizzazione nella sua epoca, aveva una fede profonda nell'idea che l'arte debba imitare la natura apparente, per rendere percettibile la natura nascosta, e che il filtro dell'intelletto sia incompatibile con questo. Definiva la musica un fenomeno che si trova ovunque, tranne che sulla carta. E aggiungeva che nella musica bisogna mettere molta *gioia*. I suoi grandi progetti ruotavano sempre intorno a una particolare forma di rappresentazione. Per la sola opera da lui veramente portata a termine scelse come libretto una pièce di Maeterlinck, autore che puntava, rappresentando la realtà nella semplicità opaca della parola, a far vedere la luce delle tenebre. Rivestendo di musica la parola di Maeterlinck, Debussy cercò di restituire la luce attraverso l'udito, sapendo bene che stava compiendo una battaglia eroica, nel rapporto tra l'uomo e Dio, contro il senso della Storia. Questa posizione paradossale, questo conflitto con la sua epoca, questa opposizione tra il suo ideale estetico e la qualità che gli venivano attribuite dai suoi ammiratori – la stessa che si ritrova in Mallarmé – non sono il frutto di un'incoerenza, ma di una precisa poetica; e, contestando il corso annunciato della civilizzazione, portano alla nascita del cinema.

Per arrivare all'essenziale si lavora sempre sulla sottrazione, fino al vuoto totale. Non c'è il rischio di arrivare al "bianco" di Mallarmé?

Sì, c'è il rischio di arrivare ad una condizione di sterilità. Era il problema di Mallarmé, che restava per ore davanti alla pagina bianca, senza riuscire a scrivere. Questa è la prospettiva negativa. Esiste un equilibrio molto precario tra il silenzio e il suono, così come tra l'ombra e la luce; ma questi elementi non possono esistere l'uno senza l'altro. Io cerco di scrivere sempre, credo nella scrittura, e nella parola. Provo a fare la stessa cosa in letteratura, ma nel contesto attuale è molto difficile.

Lei ha scritto diversi romanzi, pubblicati da Gallimard. In che modo riesce a mantenere la sua energia spirituale attraverso la scrittura?

Fare letteratura, per me, consiste nel creare una realtà, non necessariamente in modo naturalistico, attraverso la Parola. Per evitare lo psicologismo e il moralismo utilizzo diverse tecniche. Una è

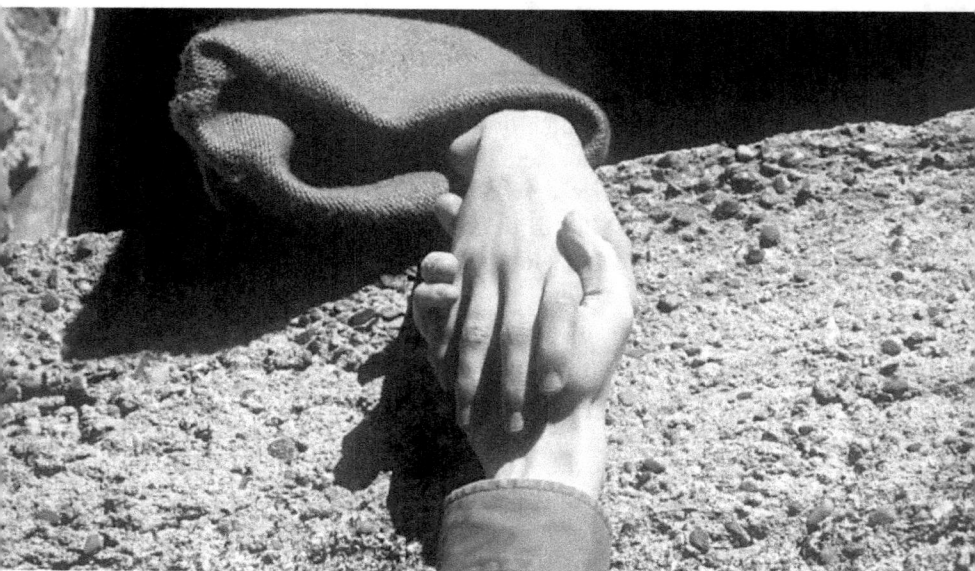

Le monde vivant

la descrizione oggettiva di quello che potrebbe vedere un occhio esterno da un punto di vista preciso, una tecnica abbastanza cinematografica – anche se sono molto lontano dallo stile del *nouveau roman*, che non mi appassiona troppo. Un'altra è l'utilizzo di un linguaggio che è "letterario" per la sua semplicità, la sua concisione e il rispetto di alcuni vincoli grammaticali, in situazioni dove questo tipo di linguaggio non è realistico. Questo permette di esprimere la realtà dei sentimenti, mantenendo una distanza dal quotidiano; e, come accade per l'immagine cinematografica, permette al lettore di percepire alcune cose nascoste della realtà.

In relazione al suo cinema e ai suoi romanzi, non sente un limite nel mostrare soltanto questi elementi frammentati della realtà?

Al contrario. La cosa mi rinfranca; perché ho l'impressione di restituire un senso alle cose, mentre il mondo, così com'è oggi, è fondato sull'idea che non ci sia un senso. Questa è la differenza tra le persone che hanno vissuto fino al XVIII secolo, fino all'uomo barocco, e quelle che sono venute dopo. Finché si crede a una forma di sacro, il mondo ha necessariamente un senso, ma se si crede solo nella ragione, questa cerca di restituire senso ad un mondo che non ce l'ha.

Prima abbiamo parlato del "bianco", ma esiste anche un "nero" nel suo lavoro? Ci sono cose che sente di non poter raccontare?

Non saprei. Cerco di esprimere quello che mi interessa, nel profondo. Prima del '68, più o meno, non era possibile, per ragioni di censura, mostrare scene erotiche. A partire dal '68 è diventato obbligatorio inserirle in ogni film, nei dettagli. Oggi una cosa che permette di trovare finanziamenti per realizzare film, e fa sì che questi film "audaci" vengano selezionati a Cannes è proprio il fatto di mostrare scene erotiche come non si erano mai viste. Se si fa questo soltanto per filmare un "accoppiamento", come fatto oggettivo, si finisce per diventare degli zoologi. Si può vedere la stessa cosa in uno zoo. Trovo che oggi, in realtà, si siano esaurite tutte le possibilità per essere "audaci" A meno che non si inizino a mostrare degli accoppiamenti attraverso l'orecchio, o cose così, non credo che si possa fare qualcosa di nuovo. Ne *La religieuse portuguaise*, quando Martin propone a Julie di passare una notte insieme, piuttosto che mostrare la scena tra loro due, il gesto erotico era per me lui che le prende la mano... Lei la ritira, e poi i due si allontanano. Ci sono altre scene dove ci sono mani che si toccano. Ecco, per me è molto più forte così, piuttosto che mostrare un accoppiamento. Questo è il mio punto di vista, non voglio fare il censore su queste cose, è soltanto che cerco di fare le cose nel modo che mi sembra più efficace, più forte. Bisogna far emergere gli aspetti nascosti della realtà.

A proposito degli aspetti nascosti, vorrei tornare sul concetto di "Parola", in relazione al cinema. Nel suo libro Poétique du Cinématographe, *ha scritto che "la materia del Verbo è la luce", può spiegare questa affermazione?*

Come ho detto prima, penso che il cinema sia nato da una crisi della parola nella civiltà occidentale. Questa è una cosa che mi viene più semplice spiegare in francese che in altre lingue, perché riesco a individuare meglio quelli che considero i tre gradi della Parola. Il primo, *le mot* (il termine), è il grado materiale: è un modo di comunicazione, un segno che rappresenta un elemento concreto della materia. Il secondo, *la parole* (la parola), già ricorda il *logos* greco, o il *verbum* latino, una concezione che è esistita in Europa fino al XVII secolo, quando la parola possedeva anche una forma corporea, sonora. Così come possedeva tutta una serie di caratteristiche che la rendevano viva al pari di una persona. La realtà della parola era la sua incarnazione: doveva passare per il corpo, essere detta. Se prendo il semplice suono francese *le verre*, questo può rappresentare un bicchiere, un verso in un poema, un verme... Tutte cose contenute nel suono. La realtà della parola, quando la dico, contiene tutto questo. Ogni lingua è una rappresentazione diversa del mondo, un'immagine diversa. Il terzo grado è *Le Verb*, il Verbo nella sua tradizione spirituale, quindi una parola considerata specificamente portatrice di uno spirito. Questo ci riconduce fino all'utilizzo del termine nel Vangelo secondo Giovanni: "In principio era il Verbo". Il Verbo era vicino a Dio, o forse era Dio stesso. Quest'idea che Dio abbia creato il mondo attraverso la parola è propria della tradizione giudaica. Quindi, quando parlo di linguaggio, il discorso va fatto risalire ad una concezione di questo tipo. Ritengo che la forma più assoluta di energia spirituale sia la Luce, che è anch'essa un'emanazione del Verbo creatore. Di conseguenza, il Verbo è nella Luce, se non è proprio la Luce stessa.

Sia ne La religieuse portuguaise *che in* Toutes les nuits *c'è sempre una carrellata da un interno verso la luce. È una figura ricorrente del suo cinema.*

Sì, perché in qualche modo tutti i miei film sono storie di persone che cercano la luce, metaforicamente, e il cinema può anche mostrarlo in modo fisico, immediatamente visibile.

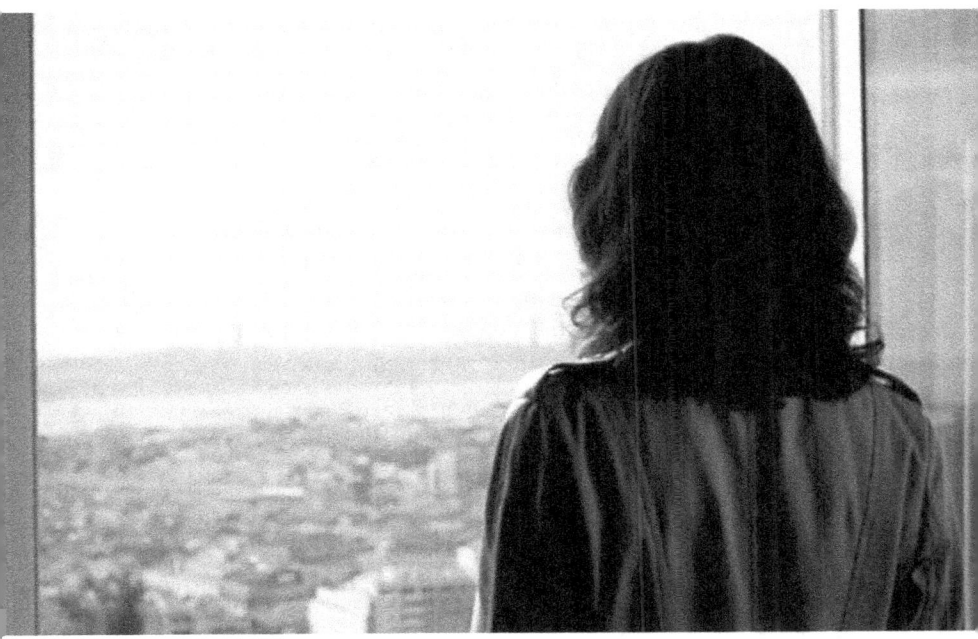

Leonor Baldaque ne *La religieuse portuguaise*

Allo stesso tempo, però, c'è anche un forte legame con la "gravità": i piedi, i pavimenti, la terra. È un rapporto duale prima di arrivare alla luce ci sono sempre molti interni.

La luce, ma anche il cielo. Nel 2007 ho partecipato a un progetto collettivo, insieme a Pedro Costa e Harun Farocki, e ho realizzato un mini-film che si chiama *Correspondances*, ambientato in interni, in stanze chiuse; e l'ultima scena è un'inquadratura della finestra, verso il cielo. Anche ne *La Sapienza*, l'ultima inquadratura, ambientata sul Lago Maggiore, è stata pensata per replicare il movimento ascensionale di Sant'Ivo, che sale verso la luce. Ci sono un ragazzo e una ragazza su una barca, e poi la camera sale, fino a vedere soltanto il cielo. È vero che nei miei film ci sono molti interni, però c'è anche la natura. In *Toutes les nuits* abbiamo girato in un posto molto bello, la sorgente di Fontaine-de-Vaucluse, nel sud della Francia. Essendo la zona circondata da montagne, non si riusciva a vedere bene il cielo. Durante le riprese ci siamo resi conto che c'erano soltanto quattro ore di sole al giorno, e non è stato possibile fare una panoramica verso l'alto. Ma ne *La Sapienza* ce ne sono molte, anche dentro Sant'Ivo, dove si segue l'ellissi della cupola, fino al centro. Sfortunatamente quel giorno il cielo era un po' grigio, sembrava Parigi; io speravo nel cielo blu di Roma. E anche ne *Le Pont des Arts* c'è un'inquadratura verso il cielo, proprio dal ponte.

So che non ama utilizzare la luce artificiale nei suoi film.

Quando è possibile, preferisco utilizzare la luce naturale. A Roma, quando giravamo *La Sapienza*, la luce era spesso molto bella e intensa, anche all'interno delle chiese, e si poteva fare a meno dell'elettricità. Ma quando si gira a Parigi, in inverno, negli appartamenti *Le Pont des Arts* è stato girato tra febbraio e gli inizi di aprile, e negli interni è stato indispensabile utilizzare la luce elettrica.

Ieri, parlando della corrispondenza tra i quadri degli Uffizi, a Firenze, e la vita che c'era fuori, lei ha parlato di una differente qualità della luce.

Sì, è una cosa molto importante. Quando vivevo in Barbarie, da adolescente, ho cominciato a distinguere le diverse qualità della luce, e, a volte, quando lo dicevo a mio padre, questo lo faceva irritare. Per lui la luce era un fenomeno fisico, qualcosa che riguardava solo la lampadina, un problema di intensità. Che io parlassi della qualità della luce, del suo colore lo infastidiva.
In Italia, la luce è completamente diversa da una città all'altra. Sono molto sensibile alla luce, e questo forse mi ha spinto verso il cinema. Anche per quello che la luce libera... Voglio dire, quando la luce arriva su una persona o sulla facciata di una casa, libera un'energia che è *lì*, un'energia che ci permette di percepire il

mondo esteriore e che libera l'energia interiore degli esseri e delle cose. Quando lavoravo in teatro, per 25 anni della mia vita, insistevo spesso – anche quando trattavo testi moderni – sul voler utilizzare la luce delle candele. Perché la luce della fiamma è una luce molto particolare, che sprigiona energia in un modo che la luce elettrica non riesce a fare. Per fare questo, però, c'erano sempre problemi con i responsabili dei teatri o, comunque, dei posti dove recitavo. Dicevano che creava problemi per la sicurezza, che era pericoloso, e io rispondevo che se si tenesse conto del numero di teatri che sono bruciati, nel XX secolo, a causa di cortocircuiti, bisognerebbe vietare l'elettricità perché è pericolosa. La qualità della luce, per me, è assolutamente essenziale. È un modo per trasmettere energia, e l'energia contiene sempre una presenza.

Nei miei film ci sono spesso scene illuminate con le candele. Insisto perché in questi casi non vi sia alcuna luce elettrica. Il direttore della fotografia di tutti i miei film, Raphaël O'Byrne, all'inizio, visto che non lo aveva mai fatto, pensava che fosse impossibile usare solo le candele. Poi si è convinto del contrario. Utilizziamo quelli che chiamiamo "proiettori barocchi"... Fatti con le candele, un po' come le luci di ribalta teatrali, con lo specchio dietro. Si mette la candela su un supporto munito di specchio, montato su uno stativo, o addirittura dentro un proiettore teatrale, al posto della lampadina. In questo modo si può ottenere, ad esempio, un particolare spot di luce su un volto. Per *La Sapienza*, Raphaël ha fatto un lavoro incredibile: abbiamo girato tutti gli interni delle chiese senza alcuna luce artificiale, e il risultato è bellissimo. Ma la cosa più difficile l'abbiamo fatta per *La religieuse portugaise*, per la scena del grande dialogo tra Julie e la Religiosa nella cappella, che volevo fosse illuminata soltanto da candele. Per avere una luce adatta e sufficiente per un totale, abbiamo appeso le candele al soffitto per illuminare tutto. Quella scena contiene una grande energia. Poteva essere illuminata solo così. La qualità della luce è fondamentale.

Nei suoi film la luce ha anche una valenza pittorica molto forte, ci sono dei riferimenti precisi?

Ho avuto modo di riflettere per molto tempo su cinema e luce. E mi sono reso conto dell'influenza che sulla mia cultura visuale è stata esercitata dalla pittura. Da essa dipende la mia tendenza a concepire l'inquadratura come una vera e propria "messa in quadro", quasi si tratti di un'immagine indipendente – com'è indipendente, appunto, un dipinto – nella quale bisogna decidere con precisione cosa inserire. Questa nozione di "messa in quadro" è un elemento fondamentale dello stile. Quando metto gli attori uno di fronte l'altro, nel loro rapporto si crea una presenza, come nelle icone che veicolano l'idea della "presenza reale": cerco sempre di catturare l'anima delle cose che filmo. Per quanto riguarda la luce, uno dei dipinti che amo di più è *La Madonna di Senigallia* di Piero della Francesca. La Vergine è circondata da angeli e, dietro di lei, c'è una zona illuminata che evoca una presenza. Nel periodo barocco è sempre attraverso la luce che si rappresenta il sacro. E senza luce, non c'è cinema.

Spesso, soprattutto negli interni, l'uso della luce e delle ombre sembra ispirato al lavoro di Caravaggio, il cui Sacrificio di Isacco *è anche direttamente citato ne* Le Fils de Joseph...

Riguardo al mio rapporto con Caravaggio, ho un aneddoto che risale al mio periodo romano, quando, verso la metà degli anni '70, decisi di visitare la chiesa di San Luigi dei Francesi. Fuori la città era molto scura e, all'interno dell'edificio, soltanto qualche concentrazione di candele creava delle aperture di luce. In generale, l'inverno è un periodo privilegiato per scoprire Roma: di giorno la luce è molto intensa, e la notte mostra nelle tenebre quello che in altri momenti dell'anno si presenta in piena luce. Arrivato davanti la cappella di San Matteo, dove non c'era nessuno, la trovai immersa nel nero. All'epoca le cinquanta lire scarseggiavano, tanto che spesso nei negozi davano il resto in caramelle, ma fortunatamente la macchina prese il mio franco... Un passo verso l'Europa unita Quando si è acceso il proiettore, nel segreto di questa chiesa oscura e deserta, ho avuto una delle rivelazioni più profonde della mia vita. Mi apparvero i tre quadri

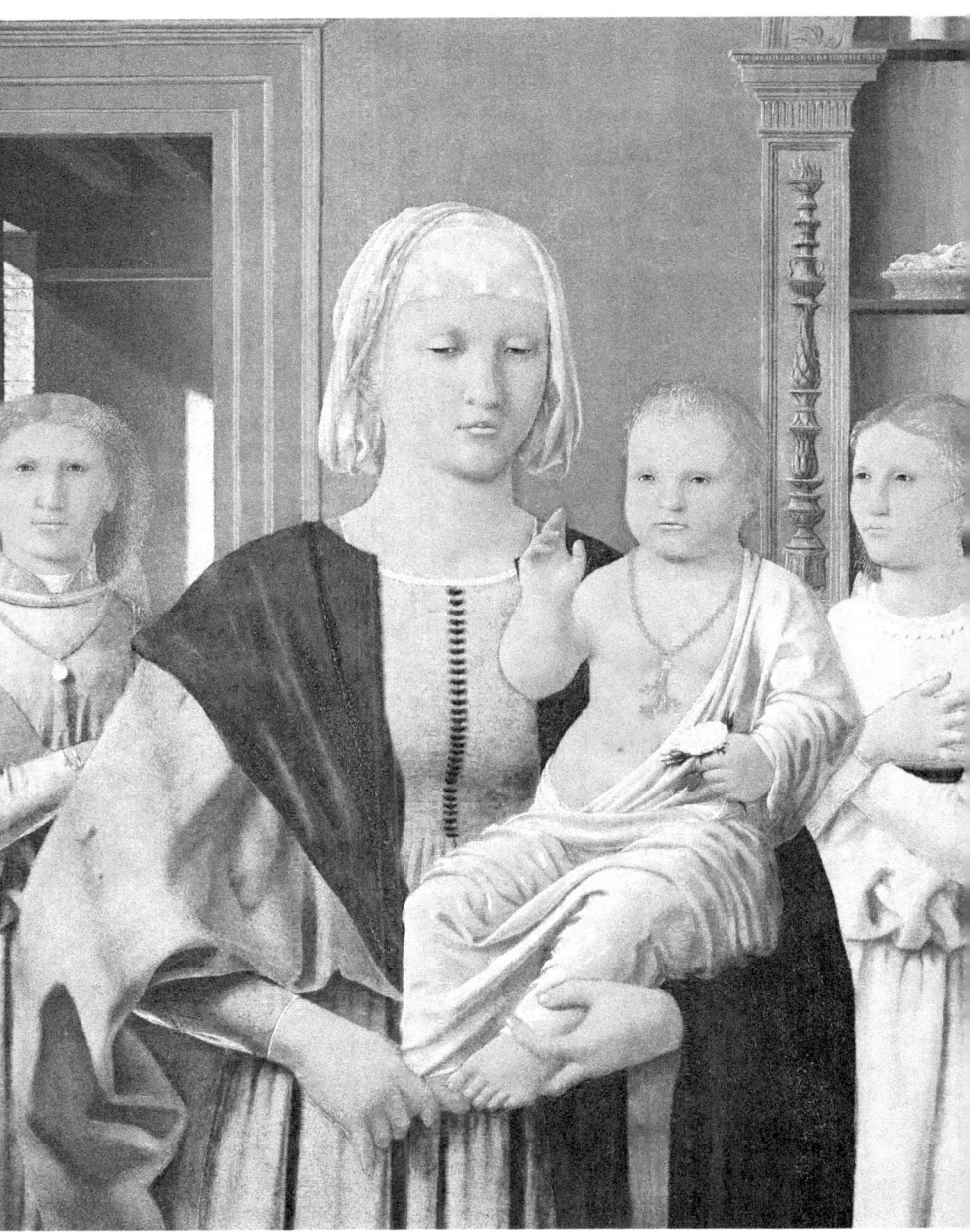

La Madonna di Senigallia, Piero Della Francesca, 1474

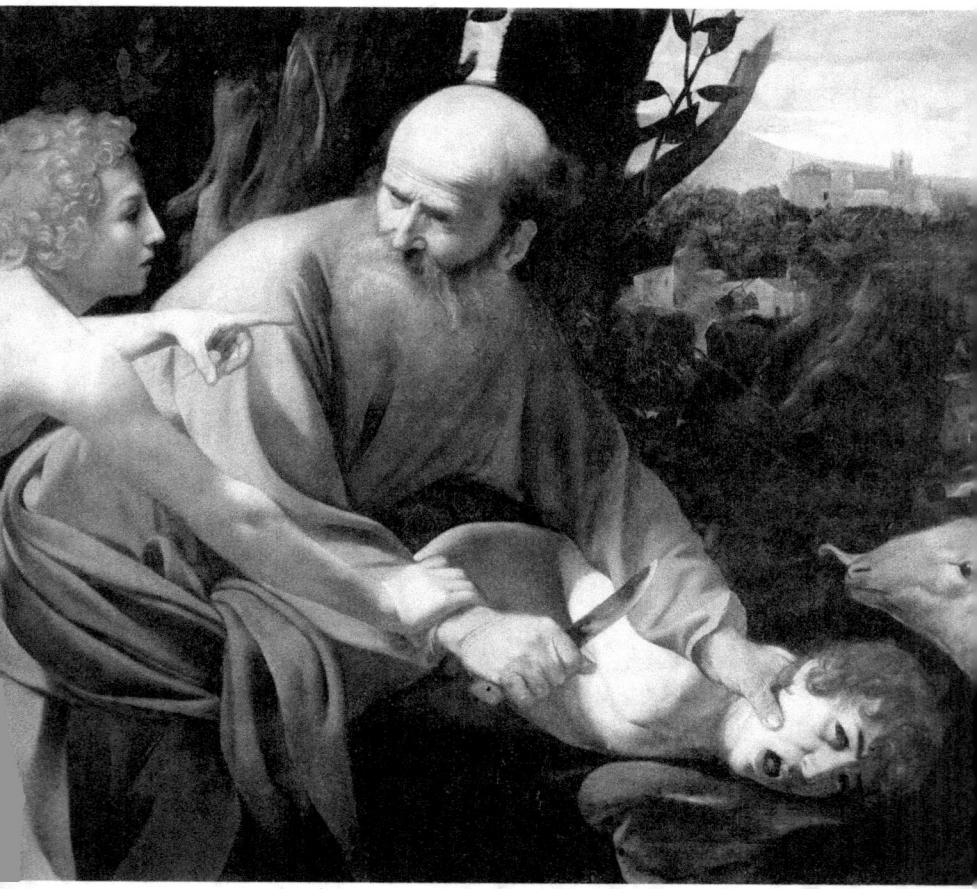

Il sacrificio di Isacco, Caravaggio, 1603

di Caravaggio, emersi dalle tenebre. In un primo momento il mio sguardo si è spostato dall'uno all'altro, senza vedere veramente, ma in modo sufficiente a farmi comprendere che non avevo mai visto niente di più bello. Poi la luce si è spenta di nuovo, ma nella successiva mezz'ora trovai il modo di inserire altri franchi, e addirittura delle caramelle appiattite, che mi permisero di accendere il proiettore diverse volte. Così, nelle tenebre, attraverso il lavoro di un uomo nato più o meno quattrocento anni prima di me, ho riprovato un'incredibile esperienza della mia infanzia

A cosa si riferisce?

Non ne parlo spesso. È difficile parlarne. Cerco di rievocarla. Si tratta del mio primo ricordo, della mia prima intuizione spirituale, legata a un'esperienza "mistica" vissuta quando avevo circa tre anni, forse alcuni di più, ma non molti, come dimostrano gli elementi del ricordo. Essendo così piccolo, è una cosa che mi è successa al di fuori di qualsiasi tradizione religiosa o comunque spirituale. È successo quando vivevo davanti all'Oceano, ero sul mio letto e dalla finestra entrava la luce dell'Oceano. Ho avuto un'esperienza difficile da descrivere, un po' come quella di Julie ne *La religieuse portuguaise*. La luce improvvisamente è diventata materia, è diventata una sostanza bianca che sembrava neve. E io ero... Il mio corpo era perduto, così come la mia coscienza, in questa materia che era luce. Non avevo altra esistenza se non nella luce, facevo parte di questa sostanza luminosa. Era una sensazione fisica molto strana, mi è capitato spesso di riviverla durante la mia infanzia, ma soltanto per pochi istanti. Non era un ricordo, era veramente l'esperienza stessa. Poi. . l'ho perduta. A volte dico che tutta la mia vita è una ricerca per ritrovare quell'esperienza, il senso di quell'esperienza. In uno dei miei ultimi romanzi pubblicati, *Un conte du Graal*, c'è un momento, durante la seconda apparizione della processione del Graal, in cui faccio un tentativo per descrivere qualcosa che si avvicina a questo, legato a una tradizione cristiana. Ma l'esperienza fatta da bambino era al di fuori di ogni tradizione.

Da adulto, non le è mai capitato in qualche modo di ritrovare questo momento?

Penso che in tutta la mia attività io lo ritrovo attraverso dei piccoli frammenti, piccoli passi "sul cammino del Graal". La possibilità di fare cinema è stata un enorme passo in avanti, una grande opportunità per me, dal momento che il cinema mi avvicina a questa esperienza.

Un "Viaggio al termine della luce"?

[*Sorride*] Sì ci si incammina; non si sa quando si arriva, e se si arriva, ma ci si incammina. Se potessi solo arrivarci vicino sarebbe già molto bello.

Non ha paura, in questa sua ricerca incessante della luce, di fare la fine di Icaro?

Spero effettivamente di poter raggiungere questa fonte di luce, è vero. Ma spero anche di non bruciarmi le ali!

Che cos'è la speranza per lei?

Le speranze che ho non sono mai concrete. Finché ho l'impressione di essere in questo cammino, e di avanzare, diciamo, verso la luce, ho speranza. Speranza che non sento comunque come una virtù teologica. Riguarda piuttosto il seguire una progressione verso qualcosa che non si può descrivere precisamente, ma che metaforicamente si potrebbe chiamare, appunto, ricerca della luce.

Non le è mai capitato di uscire da questo cammino? La sua è una ricerca ardua.

No. Ho dei momenti in cui sono un po' depresso, e il mio stato d'animo potrebbe essere interpretato come un'uscita In una credenza molto strutturata, come ad esempio nella religione cattolica, questo corrisponderebbe alla perdita della fede; ma io non potrei chiamarlo così. Ci sono effettivamente dei momenti in cui mi sembra di perdere la speranza, in cui ho l'impressione di uscire dal cammino, senza potervi rientrare. In genere non dura molto tempo, perché arriva sempre qualcosa che illumina... Forse può essere la grazia. Ma in ogni caso c'è una luce che arriva, e che fa in modo di riportarmi nel cammino.

Lei fa spesso riferimento alla "Grazia".

La "Grazia" per me è un mistero. Non si può spiegare. Ma quello che c'è di bello nel giansenismo, e che spesso viene preso in giro, è che i giansenisti per primi non dicono affatto di avere la grazia. Pascal dice che non si può mai sapere se si ha la grazia, quindi bisogna agire in modo gratuito, senza sapere a cosa porterà, perché tanto senza la grazia non si otterrà niente. Antoine Arnauld, che era un teologo di Port Royal, meno interessante perché meno umano di Pascal, citava spesso la storia del disconoscimento di San Pietro. San Pietro era un uomo giusto che però, nel momento in cui Gesù venne portato davanti al sommo sacerdote, perse la grazia e non riuscì ad affermare di conoscerlo, assumendosi in tal modo la responsabilità delle conseguenze. Questo significa che per i giansenisti bisogna fare del bene, con grandissimo sforzo di volontà, ma non per mercanteggiare e ottenere un salvacondotto, perché non si può ottenere nulla senza la Grazia di Dio.

Prima, a proposito della luce, ha parlato di presenza reale dell'energia. Nel suo saggio sulla natura del cinema scrive che tutte le più grandi opere cinematografiche sono "storie di fantasmi". Nei suoi film è spesso evocata la presenza di fantasmi.

Per me il concetto del "fantasma" è molto importante. È ciò che resta di una vita che non è riuscita a integrarsi nella natura, quindi è una traccia. Ne *La Sapienza* c'è un dialogo, al centro del film, tra l'architetto e il ragazzo, in cui parlano dei fantasmi. E il ragazzo dice: "I fantasmi sono anime che cercano pace". Allora l'architetto gli chiede di che cosa abbiano bisogno, per trovarla; e il ragazzo risponde: "Un architetto che gli doni un luogo e la luce". Devo anche dire che questa è una delle ragioni per cui ho difficoltà a trovare dei finanziamenti per i miei film,

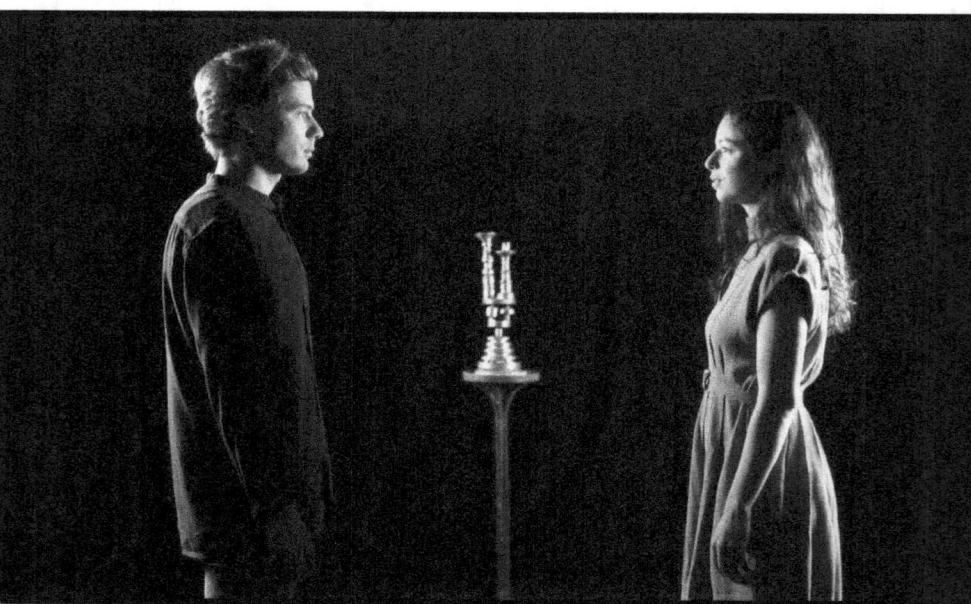

Arnaud Vrech e Valentine Carette in *En attendant les Barbares*

dal momento che né gli angeli né i fantasmi sono molto alla moda, soprattutto in occidente. Apichatpong ha vinto la Palma d'Oro a Cannes per un film che evoca delle reincarnazioni, degli spiriti; e li ha ringraziati per averlo aiutato. È un ottimo cineasta, e sono molto contento. Però i suoi film sono abbonati a Cannes dall'inizio, perché lui tratta il tema della spiritualità attraverso la tradizione buddista, quindi i suoi fantasmi e i suoi spiriti sono asiatici. Ma se si prova a trattare il tema attraverso la tradizione occidentale, con gli angeli e gli spiriti europei, la cosa è vista molto male. La cultura del XVIII secolo, dell'Illuminismo, ha censurato questi aspetti e li ha spinti ai margini, dando ad essi una connotazione moralmente negativa. I razionalisti riconoscono che un albero è vivo, ma c'è qualcosa che va aldilà della vita vegetale di un albero. Quando ero piccolo, passavo molto tempo

in estate nei boschi, dove mi piaceva passeggare soprattutto
all'alba e al tramonto, per via di un'energia che sentivo intorno
agli alberi, ai ruscelli, alle rocce. Erano delle forze simili a quelle
degli animali, ma private di un corpo nominabile. Per i Greci,
ogni albero possedeva uno spirito che loro chiamavano Driade.
Io sentivo la presenza di questo spirito negli alberi, un'energia
direttamente legata all'albero, e limitata ad esso, e in questo non
c'era niente di intellettuale o di riflessivo. Tra l'altro, mi con-
vinco sempre più della reincarnazione degli spiriti. Non è una
convinzione intellettuale; mi viene dall'esperienza, abbastanza
frequente, di avere una memoria più antica della mia nascita. Ci
sono dei residui che provengono da qualche parte.

Ne Le Pont des Arts *l'idea del "fantasma" è centrale. Il film è
quasi una "storia di fantasmi"...*

Tra i miei film è quello in cui quest'idea è più forte, e mantiene il suo mistero. Nelle storie di fantasmi della mia infanzia,
provavo una grande gioia all'apparizione degli spettri, e anche
un sentimento di delusione, di tradimento, quando, alla fine,
una spiegazione "razionale" metteva in dubbio la loro esistenza.
In Barbarie, la scienza riesce sempre a spiegare questo mistero,
che attribuisce in generale alle pulsioni isteriche di qualcuno. La
psichiatria ristabilisce sempre l'ordine morale. Però, ad esempio,
la letteratura irlandese è piena di fantasmi. Nei testi che conosco, scritti in inglese all'inizio del XX secolo, i personaggi non
fanno distinzione tra la percezione dei *Sidhe*, spiriti che passano
nel vento, e gli spettri che ritornano nei luoghi in cui hanno
vissuto. Prima di conoscere il teatro Nō, ho letto *At the Hawk's
Well* di Yeats, dove un fantasma rivive ritualmente, a partire da
un elemento naturale, il conflitto tra il suo desiderio e la sua
volontà, e dove la passione resta visibile a lungo, dopo la scomparsa della forma corporale in cui ha vissuto. È un episodio a
mio avviso significativo, anche se l'attività di Yeats intorno ad
alcune società "occulte" rivela piuttosto una ricerca di esotismo,
all'interno della società vittoriana razionalista. Credo che l'au-

tore che meglio esprima la concezione irlandese dei fantasmi sia Joyce, nel suo racconto *The Dead*. Il luogo che un essere morto crea tra due esseri viventi fa del "fantasma" una componente del mondo naturale. Il mistero che costituisce, per i due sposi, questa epifania nella neve non può essere ridotta a un "simbolo" psicologico: per Joyce, profondamente impregnato di cultura cattolica, questa presenza, come quella di Cristo nell'Eucarestia, è assolutamente reale.

Il sogno è un'altra declinazione di queste "presenze", e anche un elemento centrale dei suoi film e dei suoi romanzi. Spesso i protagonisti ricevono delle informazioni importanti durante il sonno, e il suo primo film, Toutes les nuits, *si apre proprio con una canzone che fa riferimento esplicito a quest'idea[1]. Tra l'altro ieri, a proposito dell'idea del male, lei ha parlato del "Sogno di Dio" come essenza del mondo...*

Il sogno corrisponde a un mondo sotterraneo; è un contatto con un'altra dimensione. Come Pessoa, e come avveniva anche nel periodo Barocco, credo che gran parte della nostra vita sia un sogno. Spesso, durante la giornata, mi capita di sognare anche a occhi aperti, e quello che sogno mi sembra più reale di ciò che mi circonda. Devo dire che in questo c'è anche un elemento autobiografico, un'esperienza reale. Nei miei sogni dell'infanzia e dell'adolescenza, a volte mi sembrava di volare: era un'esperienza fisica, sono convinto, simile a quella degli sciamani, quando escono dai loro corpi. Mi sembrava vi fosse veramente la possibilità che il mio corpo levitasse, si alzasse in aria. E ogni volta che mi succedeva, ritrovavo nel sogno il ricordo molto preciso di tutte le altre esperienze. Al mio risveglio, però, non conservavo

---

1. «Tutte le notti / tu mi sei presente / attraverso dei sogni dolci e pieni di grazia / Ma tutti i giorni / mi sei assente / ed è per me un grande rimpianto». Il testo è tratto dal brano *Toutes* les nuits del compositore francese Clément Janequin (1485-1558), maestro della *chanson* polifonica rinascimentale – interpretata nel film dall'ensemble de Le Poème Harmonique.

alcun ricordo. Una mattina, a ventidue o ventitré anni – ero già a Parigi – mi sono svegliato e tutto questo ricordo è tornato. Nello stesso modo in cui si ha memoria dei sogni appena svegli, mi sono ricordato dell'ultima volta che avevo "volato", e di una quantità di ricordi svaniti. E all'improvviso ho iniziato a piangere, perché ho capito che si era perso tutto. Bisogna evitare che il mondo nascosto dei sogni entri in contatto con la coscienza, al risveglio.

Quando ho riletto alcuni testi della Cabbala, e dello Zohar – che stavo studiando per *La bataille de Roncevaux* – ho ritrovato un passaggio in cui un rabbino, qualcuno che dava delle lezioni, parlava del valore dei sogni; e diceva che, durante il sonno, l'anima si stacca dal corpo per salire in cielo e conoscere delle realtà spirituali. Per questo motivo, non bisogna diffidare dei sogni, visto che sono la porta verso una verità che non possiamo raggiungere nella vita di ogni giorno. Per questo credo nel valore dei sogni, e non sono molto interessato alla psicanalisi. In fondo, è un'eredità della cultura gesuita: rappresenta un tentativo di razionalizzare e recuperare la spiritualità, inserendola in sistemi di potere per far sì che questi funzionino; per recuperare un'energia che potrebbe diventare un elemento sovversivo in rapporto alle strutture di potere. Non so se ho risposto alla sua domanda...

È stato molto chiaro

Eugène appoggia le mani sul tavolo, distendendole e riportandole al loro stato di calma. È un gesto che ha ripetuto spesso, durante la conversazione, per puntualizzare ogni concetto con grande precisione. Nel locale, intanto, inizia a salire il brusio: è quasi l'ora del pranzo. Restiamo ancora un po', prima di uscire, diretti ai giardini del Luxembourg.

L'architettura del film

Mi piacerebbe ragionare sul linguaggio del suo cinema, di cui non abbiamo ancora parlato. Come si struttura per lei, in origine, l'architettura del film?

È sempre qualcosa di misterioso... in generale, l'idea di base di un film, come di un romanzo, arriva come un'illuminazione, in un attimo spesso insieme al titolo. È soltanto un'idea, a volte un'immagine, il cuore di una scena, che arriva così... In questo c'è qualcosa che può appartenere alla grazia, perché non si sa da dove arriva. È un dono, io lo ricevo come un dono. Non viene da me, ma è una sorta di visione. E, a partire da questo, comincio a lavorare con la mente... Il periodo tra questo chiarore, questa grazia che mi dà il punto d'inizio, e il momento in cui comincio a scrivere una sceneggiatura può essere relativamente breve o durare anni, dipende dal progetto. *Toutes les nuits*, in un certo senso, ha avuto una gestazione piuttosto lunga, visto che ho concepito il progetto a partire dalla lettura del romanzo di Flaubert. In generale, però, penso che non potrei mai fare l'adattamento di un grande romanzo.

I suoi film, finora, sono sempre divisi in capitoli. Anche questa è un'idea di struttura che nasce in fase di scrittura?

È il modo in cui penso. Sento sempre il bisogno di una struttura di questo tipo. È anche un modo, per me, di verificare se la drammaturgia funziona. Ritengo che le forme espressive si siano evolute, ma i principi della drammaturgia, a cui credo profondamente, non siano cambiati molto dall'epoca della tragedia greca. Perché il lavoro funzioni, se l'obiettivo è di emozionare lo spettatore, deve sempre esserci una progressione drammatica. Ci sono diversi modi di farlo... Per esempio tra i Barbari tutto è rigidamente predeterminato. Nel giro di dieci minuti c'è bisogno di un inseguimento, dopo venti minuti una scena di sesso, a mezz'ora una decapitazione, e così via...

A proposito dei capitoli, avrei una curiosità. Ne Le Pont des Arts, ce n'è uno intitolato La Maschera. Che significato ha questo elemento?

Anche questa è un'idea barocca. Oggi con la psicoanalisi si crede che, analizzando l'infanzia, e la sessualità, si possa trovare la verità della persona. Ma una persona è qualcosa di più di un oggetto: è una identità plurale che necessariamente, per darsi almeno un'unita esteriore, si crea una maschera. E questa è tanto reale quanto quello che c'è dietro; a volte anche più reale. Così quando si strappa la maschera, a volte si distrugge la persona. Questo è il sentimento che prova Sarah, che ha trovato un certo equilibrio, ma è sicuramente una persona fragile. Lei lo ha trovato attraverso la musica, e questo avviene perché, cantando, assume l'identita di altri personaggi; per esempio la Ninfa. Così, quando canta, lei diventa quei personaggi, assume la loro maschera. Quando questa maschera cade, anche quello che c'è dietro finisce per crollare. Un razionalista direbbe che dietro c'è la verità, ma per lei non è affatto così. La verità era nella maschera, e nella maschera che era nascosta dietro la prima maschera, e così via... Quando si comincia a raschiare la superficie si finisce per distruggere l insieme.

Quando scrive, ha in mente un tema preciso? Qualcosa che guida la narrazione, come succede in "Barbarie"? Quando ho visto La religieuse portuguaise, non ho capito subito di cosa parlava. Mi è capitato di "abitare" istintivamente il film. Alla fine però ho sentito che alla base c'era qualcosa di molto profondo, e di coerente.

Diciamo che, quando mi arriva la prima illuminazione sul soggetto, si tratta sempre di una finzione: è l'idea di una storia. Ma è soltanto sviluppando la trama che io stesso scopro quello che nasconde al suo interno. *La religieuse portuguaise* è un buon esempio. Finora, per me, questo film è il più completo, ed è anche quello che preferisco. L'ho realizzato nelle condizioni migliori, in Portogallo, più che in Francia o in Italia – in Italia il problema più grande sono stati i soldi, anche se quel poco che abbiamo ottenuto è stato grazie al vostro paese. *La religieuse portuguaise* è stato un progetto che ha richiesto anni e anni per concretizzarsi. Non solo in senso materiale, prima di tutto nella mia mente. Avevo alcune suggestioni, conoscevo questo testo del XVII secolo, *Le lettere portoghesi*, e avevo l'idea di un'attrice che arriva a Lisbona per recitare il ruolo di Marianna, la religiosa, e resta affascinata da una vera religiosa, dopo averla vista pregare... Ma all'epoca della prima idea, molto tempo fa, non ero mai stato a Lisbona. Il Portogallo, come altre parti d'Europa – ad esempio Erice, in Sicilia – ha avuto su di me un effetto particolare. Ho cominciato a studiare il portoghese agli inizi degli anni '70, prima della rivoluzione, dunque prima che il Portogallo diventasse di moda. Poi ho imparato a leggere in portoghese ma ogni volta che volevo partire c'era qualche problema che me lo impediva. Così è diventato un Paese mitico per me, dal momento che lo conoscevo soltanto attraverso la sua letteratura. E alla fine, quando sono andato, non sono rimasto deluso, perché ho ritrovato qualcosa che corrispondeva all'immagine mitica che mi ero costruito. Quando sono riuscito ad andare in Portogallo, nel 2003 o nel 2004, non mi ricordo più bene quando, ho trovato qualcosa di molto forte. Ho scoperto il Fado. Il progetto ha cominciato a maturare, è diventato molto preciso. Il tema del film l'ho scoperto progressivamente. Diventa chiaro per me solo nell'ultima parte, a partire dal lungo dialogo tra l'attrice e la religiosa. Quando ho scritto questo dialogo sapevo in linea generale quello che volevo esprimere, ma non l'ho forzato in nessun modo... Era lì, e ho lasciato che si sviluppasse... Così sono arrivato all'idea attraverso uno sviluppo organico, una finzione. Credo moltissimo nella finzione.

Lei parla spesso di "mito", di un pensiero mitico in relazione alla finzione.

Per me una storia è il modo più diretto di esprimere qualcosa di profondo, ma nella nostra società la finzione è considerata quasi come un peccato, qualcosa di vietato. Quelli che hanno voglia di farlo, che hanno una specie di "anima di bambino" – io penso che tutti i grandi artisti abbiano questo tipo di sensibilità – si vergognano un po' di questo. Cercano di farlo, nascondendosi. Ho in mente di scrivere un libro, che si chiamerà *Éloge de la fiction.* Credo nella poesia e nella finzione come dono del poeta: la possibilità di esprimere la realtà, oltrepassando l'illusione della realtà che ci circonda, per me è una cosa molto importante. Oggi, quando i critici vogliono elogiare un film, dicono spesso che è "un po' documentario, un po' finzione"; come se il "peccato" della finzione fosse ripagato da una parte documentaristica. Una storia, per definizione, non è vera, è sempre qualcosa che nasce nella mente di un artista. Oggi, invece, si pensa che tutte le storie di finzione debbano essere un frammento della realtà di tutti i giorni. Anche in letteratura succede qualcosa di simile, con il proliferare dell'*autofiction*, che non mi entusiasma troppo e sta diventando una moda. La presenza dell'autore è sempre esistita, a partire da Omero, ma prima del XIX secolo restava qualcosa di discreto e circoscritto; poi con Balzac inizia a diventare invadente. Un artista ha necessariamente una forte personalità, ma la creazione artistica per me deve essere un atto d'amore, e quindi un superamento di se stessi. La finzione, come la poesia, è una forma che permette agli uomini di cercare una verità.

Crede che i suoi film abbiano un aspetto fiabesco? Le monde vivant *potrebbe essere il caso più esemplare.*

Tutte le favole mitiche hanno un significato profondo. Ne *Le monde vivant*, formalmente, la favola è l'elemento che compone il film. È una storia mitica con cui esprimo cose profonde e importanti per me. C'è un significato della parola detta, della parola "data", intesa come promessa che bisogna mantenere; e anche della parola in senso spirituale, ad esempio quando Penelope, attraverso una parola, resuscita il Cavaliere. La cosiddetta "arte fantastica" è nata col razionalismo settecentesco, come un modo per svuotare l'intuizione spirituale del mondo. Nel fantastico esiste veramente una rottura della realtà così come la si conosce, associata a un male che alla fine viene sconfitto dal bene. Alla fine si scopre che non esisteva la cosa soprannaturale oppure che esisteva ma era una emanazione del male, che viene sconfitto dal bene razionalista.

Nei miei film, voglio che un Orco parli con naturalezza, come un bambino. Quando si tratta di rappresentare cose innaturali lo faccio facendo vedere solo i piedi, o sentire solo la voce. Un mostro con trucco e maschera è una soluzione infantile, poco credibile per lo spettatore. Ho scritto una volta un testo che pareva quasi scandaloso, a proposito di un film molto stimato di Dreyer, *Ordet*, in cui dicevo che non riesco a credere nel miracolo. La resurrezione della morta è mostrata come una donna che si alza la mattina al suono della sveglia. Quando ho dovuto rappresentare un morto che resuscita, ne *Le monde vivant*, l'ho fatto con un'inquadratura di due mani, e questo frammento è credibile. L'uomo vivo, per intero, si vede soltanto più avanti nel film.

In che modo gestisce l'elemento reale? Sembra quasi voler essere un demiurgo.

Sì, perché intendo mostrare allo spettatore un'altra realtà, qualcosa di nascosto; di espressivo. Oggi beh, quando si passeggia in strada si cerca di evitare la folla, tutti camminano con i telefonini in mano... Ne *Le Fils de Joseph* c'è una scena satirica che si svolge nel quartiere dove vivo, proprio all'inizio del film. Due persone, che camminano in direzione opposta, si scontrano, e non alzano nemmeno la testa... Se mostrassi sempre i miei personaggi così, si finirebbe per vedere semplicemente quello che si vede in strada. Quello che metto nell'inquadratura è reale, ma non voglio mostrarlo come si potrebbe vedere ogni giorno,

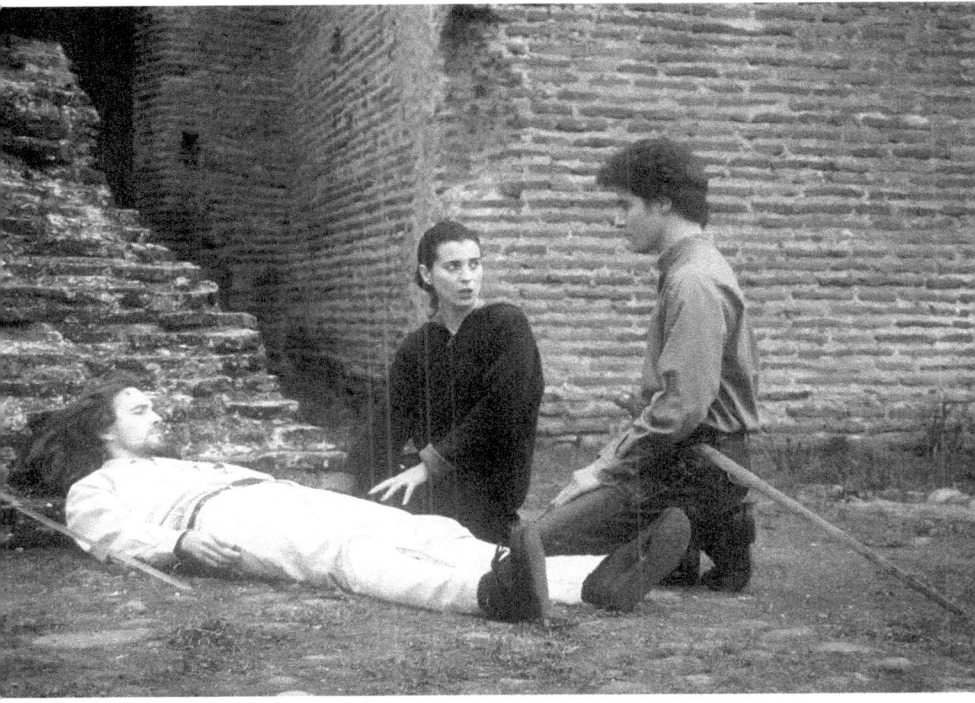

Alexis Loret, Christelle Prot e Adrien Michaux ne *Le monde vivant*

altrimenti non varrebbe la pena fare dei film. Se si fanno è perché si hanno altri obiettivi. Lì ci sono delle scene che si svolgono nel mio quartiere, ma sono scene di finzione per mostrare la quintessenza della realtà quotidiana che io vivo, passeggiando per strada.

Una cosa molto particolare dei suoi film è il modo in cui sono riprese le città. Ci sono sempre degli elementi riconoscibili, per esempio di Parigi o Lisbona, ma non si vedono mai le persone che passano, sembrano quasi delle vedute paesaggistiche, ad altezza d'uomo. È tutto molto stilizzato...

[*Sorride*]. È purificato. È quello di cui parlavo prima. Non voglio mettere niente nell'inquadratura che non abbia senso. Visto che sono io a fare il quadro, preferisco inserirvi soltanto quello che scelgo di mostrare. Il mio stile, in apparenza, è molto semplice, perché cerco sempre di concentrare il massimo di energia nell'inquadratura. Cerco di inserire soltanto quello che voglio trasmettere allo spettatore, e cerco di togliere tutto quello che non voglio che riceva. L'inquadratura è la presenza, è quello che si inserisce, ma è anche, in un certo senso, quello che si toglie, quello che resta fuori campo quindi l'assenza.

Come ha affrontato la questione della realtà per il suo documentario Faire la Parole?

C'è stato un enorme problema tra me e la produttrice. Inizialmente avevo scritto solo cinque pagine, dicendo quello che intendevo fare, ma il resto doveva essere esplorazione della realtà... Si tratta di trovare un modo artistico, cinematografico, per catturarne l'essenza. Ma la produttrice riteneva che io dovessi scrivere una sceneggiatura, come per un film di finzione, con dei personaggi che parlano. Bisognava scrivere tutto quello che si sarebbe visto, ma io potevo soltanto provare a immaginarlo! E da qui nascono i problemi di cui parlavo, con la banca... È veramente qualcosa di molto violento, di irrispettoso verso la libertà creativa, uno svilimento del documentario come possibile forma artistica. Vedo pochi documentari, perché la maggior parte sono solo dei reportage, e allora preferisco leggere un libro... Non ho bisogno che qualcuno mi prenda a martellate per convincermi di una certa realtà. I documentari più vecchi che conosco sono tra i più belli, per esempio *Douro Fluvial* di De Oliveira o *À Propos de Nice* di Vigo... Ho il sospetto che la mia produttrice si sarebbe rifiutata di produrli. Sono notazioni poetiche sulla realtà. Nel caso di De Oliveira c'è addirittura la messa in scena della realtà esistente. La famosa scena del tipo che passa col carro, trainato dal bue, e la donna che piange... beh, è finzione! Le macchine da presa erano troppo pesanti, e sarebbe stato impossibile riprendere la situazione da due angoli diversi, nello stesso momento. Quindi ha dovuto metterla in scena, mantenendo l'energia della realtà. Questa compresenza di finzione e realtà c'è, in senso opposto, in uno dei suoi film di finzione più belli, *Aniki Bobo*, girato nella stessa città, Porto, nel quale ci sono degli elementi documentari.

Crede che si debbano mescolare queste due forme, per raccontare meglio l'elemento nascosto?

Sì, è proprio questa la questione. Io ho provato ad affrontarla in modo poetico... si tratta del mio primo documentario... forse anche l'ultimo. Ho lavorato su una "messa in quadro", attraverso l'uso della luce, per cogliere l'elemento espressivo di quella realtà. Tutto gira intorno alla Parola: i personaggi principali sono dei giovani che considerano la lingua basca la loro lingua madre. E nel film ho voluto coglierli nei loro luoghi, ho cercato di discutere con loro di argomenti che gli appartenessero; in fondo è un percorso per riscoprire la propria cultura. C'è una sequenza molto intensa dove il canto diventa un elemento di unione, di appartenenza. Ho studiato il basco in passato, anche se parlarlo è molto diverso. Con loro ho usato il francese, ma poi nelle situazioni del film si sono espressi in basco, e il passagio alla loro lingua ha liberato molti elementi nascosti.

In Italia, ma credo sia lo stesso negli altri paesi, il dialetto esprime molti elementi nascosti, a volte autentici, della cultura. Nei suoi film, invece, la lingua è sempre molto pulita, rigidamente controllata.

In generale, tutti i dialoghi naturalistici, nel cinema francese, risultano molto artificiali. Spesso sono scritti da borghesi del 6° arrondissement, abituati a scrivere dialoghi per i ragazzi delle banlieues, e sembrano sempre terribilmente falsi. Poi, viene detto agli attori di recitare questi testi in modo naturale, e loro utilizzano il codice di quello che considerano "naturale", e il risultato è molto posticcio Non c'è niente di profondo, non succede nulla nella loro interiorità. Per i miei film, lavoro moltissimo sui dialoghi; cerco di eliminare più parole possibile. Voglio che vengano usate poche parole semplici, ma con una connotazione forte. E voglio che venga rispettata la grammatica – cosa che la maggiora parte delle persone non fa quando parla. Visto che si tratta spesso di domande e risposte, le domande vengono fatte sempre con l'inversione, come nel francese scritto. Faccio questo anche perché non voglio che gli attori provino a dare un'interpretazione psicologica dei personaggi. L'interpretazione psicologica è sempre falsa, perché viene dall'intelletto, e quindi interrompe le emozioni profonde. I miei dialoghi sono molto semplici. Per *Toutes les nuits*, visto che ancora andavo un po' a tentoni, nei primi dialoghi ho chiesto agli attori di fare le *liaisons* tra le parole: una cosa che abitualmente non si fa. L'ho chiesto per rendere la cosa ancora più strana, ed evitare l'interpretazione psicologica. Questa scelta ha aiutato molto gli attori, che hanno iniziato a fare le *liaisons* anche dove non lo chiedevo. Visto che il risultato non mi sembrava affatto male, ho poi deciso, anche per coerenza, che da quel momento si sarebbero pronunciate tutte le *liaisons*. E così è iniziata questa pratica. Effettivamente, ci sono molte persone che lo trovano insopportabile

Non ha mai pensato di "adeguare" il suo stile, per renderlo meno complesso, meno rigido?

Non potrei proprio non ne sarei capace. Qualcuno mi dice, visto che non riesco a trovare finanziamenti per i film, "perché non provi a fare una commedia?"... Ma, non lo so, a volte inizio anche a cercare delle idee... Però quando inizio a scrivere mi rendo conto che è impossibile

Prima ha fatto riferimento a Raphaël O'Byrne, il suo direttore della fotografia. Come si è sviluppato il vostro rapporto? È stato difficile nel suo primo film chiedergli di utilizzare un linguaggio visuale così particolare?

Per me è molto importante vedere il film nella mia testa, scrivendo: in un attimo, tutto e messo al suo posto. È una pratica che ha anche un valore produttivo, economico, visto che mi permette di girare molto rapidamente. So esattamente quello che voglio, e tutti quanti sanno quello che bisogna fare, dal momento che è descritto in sceneggiatura. Ormai, dopo sei film fatti insieme, a Raphaël basta leggere le mie indicazioni per capire quello che ho in mente. Controllo sempre l'inquadratura, ma in generale adesso non ho più molto da aggiungere: quello che lui prepara è esattamente quello che voglio. Se ripenso al primo lavoro che abbiamo fatto insieme, è stata effettivamente una strana esperienza. Raphaël l'avevo scelto io, così come il tecnico del suono, ma gli altri membri della squadra erano stati imposti dalla produzione, e in un primo momento erano sconvolti, visto che tutto quello che chiedevo per loro era impossibile: era contro le regole del cinema... Le inquadrature frontali, i dialoghi risolti solo con campi e controcampi Ma nel giro di una settimana si è creata armonia. Tutti hanno compreso che non c'era niente di arbitrario, che le mie scelte avevano delle ragioni, ed erano coerenti. È successo un po' come agli spettatori dei miei film: durante i primi minuti sono un po' scombussolati – anch'io quando vedo i miei film mi sento un po' scombussolato – ma poi si rendono conto che c'è un disegno coerente e in un attimo si dimenticano della stramberia. Per la squadra è stato lo stesso: hanno finito per entrare completamente nel linguaggio.

Non ci sono stati mai conflitti?

Mai. Non posso lavorare nel conflitto. Faccio molta attenzione nella scelta degli attori, almeno per quanto riguarda i ruoli principali, e non mi sono mai pentito delle mie scelte. Gli attori, alla fine, accettano le mie regole; comprendono quello che voglio. Spesso mi viene chiesto se la mia concezione dell'attore sia simile a quella di Bresson, se come lui cerco modelli, più che attori. Penso di sì. Ricerco l'interiorità, coinvolgendo attori professionisti. Ma lo faccio con la loro collaborazione, mentre Bresson lo faceva quasi all'insaputa dei suoi modelli. Ho conosciuto alcuni di loro. Spesso mi hanno detto di non capire quello che voleva fare... Ed erano anche un po' spaventati, a volte. Io cerco sempre di spiegare agli attori quello che cerco.

A proposito del suo linguaggio: la frammentazione, la camera fissa, la frontalità degli attori. Come è nato questo sistema di regole, essendo lei un autodidatta e non un "uomo di cinema"?

Quando ho fatto il mio primo film andavo a tentoni, cercavo un linguaggio. Forse è stata la grazia, ma penso di aver trovato delle buoni soluzioni. Dopo c'è stata la pratica, ma prima, comunque, avevo passato molti anni a ragionare sulla natura del linguaggio cinematografico. Per *Toutes les nuits*, la mia prima esperienza di regia, sentivo il bisogno di una costruzione precisa della scena; volevo in qualche modo controllare l'architettura del film, per prefigurarlo nella mente. L'idea della frammentazione l'avevo già osservata in Bresson, ma è arrivata in modo molto naturale nella mia estetica. Utilizzare la camera fissa, invece, mi permette di concentrare l'energia dell'inquadratura: muovo la macchina solo se ha senso, altrimenti mi sembra controproducente. La scelta del campo/controcampo frontale per i dialoghi, anche se non corrisponde alle regole del cinema, mi sembra naturale; perché quando si parla con qualcuno è così. Nei dialoghi quello che mi interessa è l'interiorità dei personaggi, e quando si parla con qualcuno gran parte dell'energia passa attraverso lo sguardo. Mi sembra un po' assurdo non far vedere lo sguardo, mettendo la camera di lato, e non cambiare campo ad ogni battuta.

Nella scena finale de Le Pont des Arts, *quando i due protagonisti si incontrano sul ponte e comprendono che il loro amore può esistere soltanto in quella luce, dal momento che lei è morta, l'effetto straniante del campo/controcampo, frontale e su ogni battuta, rende potentissima la separazione tra questi due mondi, tra la vita e la morte...*

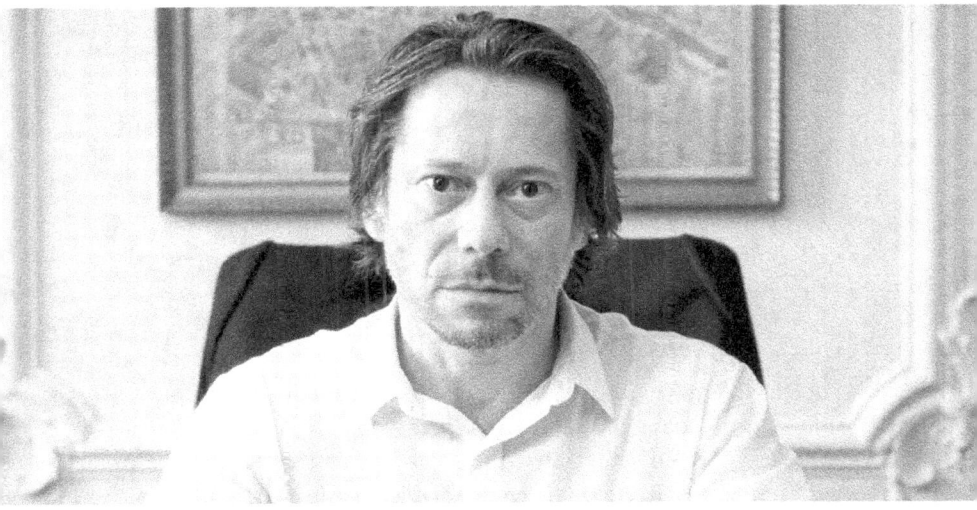

Mathieu Amalric ne *Le Fils de Joseph*

Nel campo/controcampo è il cinema a fare questo legame. I due personaggi sono separati, ma il cinema diventa il vettore del loro incontro.

Mi sembra che in questo dialogo, in modo più evidente che in altri casi, l'idea della realtà nascosta sia molto potente, perché si tratta dell'incontro con un fantasma. Anche il suono è molto particolare, sembra doppiato.

Quella sequenza è stata difficilissima da girare. Non avendo troppi soldi, non ci siamo potuti permettere di bloccare i passanti. In generale, la situazione divertiva i turisti, che si mettevano di lato a guardare, ma i parigini non si facevano problemi a passare lo stesso, e ogni volta che questo succedeva bisognava ricominciare. Quello che dici del suono è vero. La presa diretta era inutilizzabile perché c'erano il traffico e le persone che parlavano, quindi abbiamo dovuto doppiare la scena... Ma è stato un bene: senza l'ambiente sonoro, la scena è molto più efficace. Corrisponde al fatto che in quell'incontro il mondo moderno non è presente. È visibile, si vedono le macchine passare, ma non è realmente lì.

Nel suo cinema l'Icona ha un ruolo fondamentale, e la frontalità dell'attore incarna un'idea di presenza molto forte. Lei però proviene da una cultura ebraica, iconoclasta.

Ho sempre sentito il potere della rappresentazione. Non sarei mai potuto diventare protestante, perché anche quella protestante è una cultura iconoclasta. In linea generale, in Barbarie prevale una cultura puritana e iconoclasta. Io, invece, credo molto nell'immagine. Il cinema per me si basa sullo stesso principio dell'Icona, cioè sull'energia dell'immagine. La modalità dell'Icona non c'è solo nel cristianesimo ortodosso; c'è anche nella pittura sacra rinascimentale e barocca. Quando si rappresentava quella che viene definita una "Sacra Conversazione", cioè la Vergine con i Santi, tutti quei personaggi erano spiritualmente contenuti nell'immagine, pur non essendovi presenti. Non vi era idolatria. Al contrario, l'immagine avvicinava il fedele in preghiera all'energia spirituale dei Santi. Nel cinema, per me, è la stessa cosa: se filmo un essere umano, un attore, mi interessa la sua umanità, la sua interiorità; per questo gli chiedo di parlare senza artifici. Nella nostra vita quotidiana è difficile vedere questi aspetti. Quando invece si filma una persona, o una cosa, si arriva a esprimere la loro energia. Penso che il cinema funzioni come un'icona, o come la pittura sacra del Rinascimento, o del Medioevo. A proposito della frontalità c'è un quadro che ho visto più volte, *L'Annunciata di Palermo* di Antonello da Messina, che corrisponde a uno degli elementi chiave del mio linguaggio cinematografico – ed è anche citata direttamente in *Correspondances*. È la sola Annunciazione che conosco dove non si vede l'angelo. Come nei film di Ozu, c'è un quadro nel quadro. Lo sguardo in camera della Vergine ha per effetto che lo spettatore diventi l'angelo. In tutta l'iconografia dell'Annunciazione, nella misura in cui la Vergine è umana e l'angelo divino, c'è sempre un elemento d architettura che li separa, ma qui la separazione è fatta dall'assenza. Questo è uno dei modi in cui cerco di far esistere il divino nei miei film. Tra l'altro, durante le riprese de *La Sapienza* stavo leggendo un romanzo di Erri De Luca, *In nome della madre*, dove la Vergine racconta a Giuseppe del suo incontro con l'angelo. C'è qualcosa di naturale nel suo testo, che mi ha fatto pensare a *L'annunciata* di Antonello da Messina.

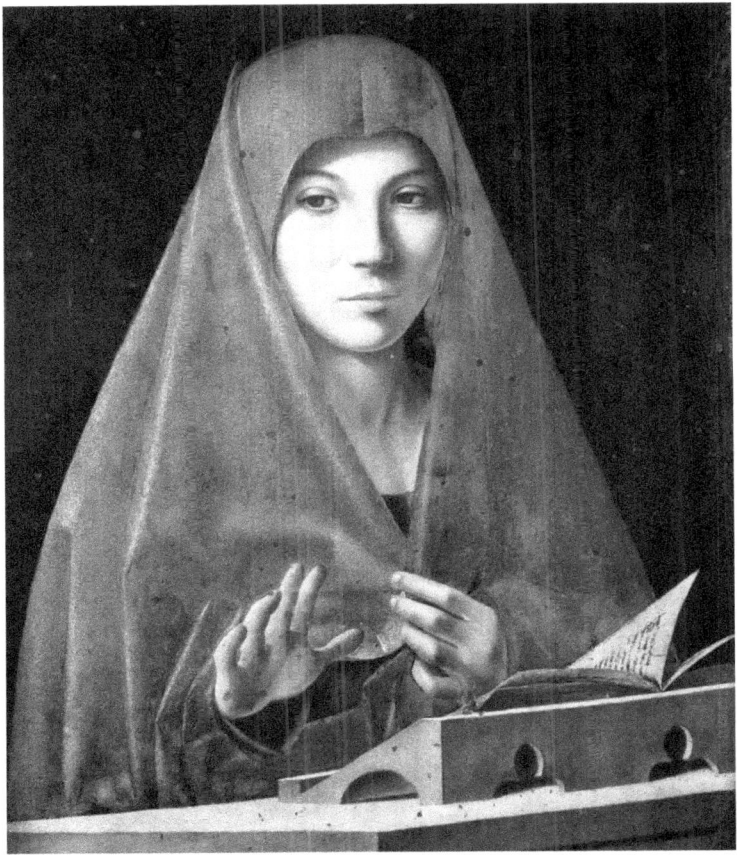

L'annunciata di Palermo, Antonello da Messina, 1476

C'è una scena de La religieuse portuguaise, *verso la fine del secondo atto, in cui non si è servito della figura retorica della frammentazione. Julie, la protagonista, entra nella piccola cappella dove si trova la religiosa, e ha come una vertigine, uno svenimento. Altre volte – come per esempio ne Le monde vivant, quando il protagonista, Nicolas, entra, "volando", in un edificio medioevale – queste situazioni sono sempre frammentate. Qui, invece, vediamo chiaramente la reazione di Julie, ed è molto straniante.*

L'esperienza vissuta da Julie oltrepassa quello che è possibile mostrare Quindi la si vede in quel modo; fa quel gesto particolare, prima di uscire dall'inquadratura, ovvero prima di uscire dalla realtà materiale, da quello che è possibile vedere. Lei stessa dice che in quel momento ha visto scomparire la suora, quindi la sua uscita corrisponde a quello che vive, che vede. E che non è possibile rappresentare. È un'altra cosa che ho imparato dalla pittura antica, di cui abbiamo parlato. Spesso gli elementi più importanti, come la presenza di Dio, non sono rappresentati ma sono presenti. Succede in Caravaggio e anche in Tintoretto, per esempio. Questa è un po' la spiegazione dell'uscita del corpo di Julie dalla scena, verso il basso.

I movimenti di camera possono avere dei significati morali. Bela Tarr, autore che lei cita spesso, ha detto che nei suoi film "la camera è sempre in movimento, perché anche la terra lo è». Cosa pensa di questa affermazione?

Se il movimento della camera ha un senso, credo di essere d'accordo. Devo anche dire però che una cosa che non mi piace è parlare con le persone mentre cammino. Perché una parte dell'energia fisica è impiegata nel camminare, e lo sguardo si muove sempre intorno; mentre quando parlo con qualcuno mi piace concentrarmi sulla conversazione. Quindi per me è piuttosto la fissità ad avere un valore morale. Mi piacciono molto i film di Bela Tarr, dove peraltro la camera non è sempre in movimento;

ci sono dei grandi piani neo-sovietici. Lui gira con i mezzi degli studi dei vecchi regimi comunisti, prima dell'89. Da quella tradizione è stato influenzato nel suo modo di girare. Io spesso sento la fissità come una necessità, anche se non per tutto il tempo. Ne *La religieuse portuguaise*, per esempio, c'è una carrellata circolare, nella cena al ristornate di Julie e l'aristocratico. Dal momento che non si conoscono, e cercano in qualche modo di creare un legame, si incontrano in un luogo appartato, un luogo di rappresentazione, dove la tavola ha una forma ovale. Allora, lì mi sembrava necessario che lo sguardo della camera, e dello spettatore, seguissero questo movimento. Come se si andasse intorno ai personaggi, durante il loro svelamento. È un movimento molto calcolato, legato alle loro battute... In un determinato momento si vede l'uno, poi l'altro; non è lasciato al caso.

A proposito del rapporto col pubblico, lei ha scritto una cosa molto particolare: «L'atto del cinema è un atto di carità, un passaggio dal desiderio all'amore, dalla frenesia alla serenità, dal profano al sacro». È una prospettiva etica?

Per quanto riguarda la questione della carità, io penso che sia vero per tutte le forme d'arte, ma in particolare il cinema è un'arte che esiste nel momento in cui il film viene mostrato. Quindi è un dono che si fa agli spettatori, di cui bisogna sempre tenere conto, anche se si fa un film che non verrà mai proiettato. E allora, dal momento che è qualcosa che si dona, è necessario che sia un atto d'amore. Molti cineasti fanno i film semplicemente per farsi valere. Certo, c'è sempre un elemento narcisistico nella creazione artistica, sicuramente c'è dell'ego. Io non credo di avere moltissimi spettatori, ma quello che mi colpisce di più è quando qualcuno che non conosco, come te per esempio, dice di sentirsi toccato dai miei film. Una volta mi è accaduto addirittura in Barbarie – può succedere anche questo nella vita –, ad un festival tra le Montagne Rocciose, *Telluride*, in cui avevo presentanto *Le Pont des Arts*, e dove hanno proiettato tre dei miei lungometraggi. Mi hanno invitato laggiù e, nei quattro giorni che sono stato lì, c'era moltissimo pubblico C'era qualche professionista, ma era soprattutto un pubblico di persone che venivano da molto lontano, visto che in Barbarie la maggior parte dei film europei e asiatici non sono distribuiti. Alla fine di una proiezione di *Toutes les nuits*, una signora, una persona semplice, con una vita normale, si è messa a piangere e mi ha detto di essersi veramente emozionata... E questo ha emozionato anche me. Mi ha fatto piacere sentire di aver donato qualcosa. Anche durante le riprese, sento la realizzazione del film come un atto d'amore del cineasta. Quando scrivo libri o sceneggiature, lavoro in assoluta solitudine, mentre la creazione di un film è un lavoro di squadra, e se anche il rapporto con il produttore non è per forza un rapporto d'amore, con il resto del gruppo, e con gli attori in particolare, lo è. Ci sono stati dei giornalisti, che hanno seguito le riprese, che sono rimasti molto stupiti dal clima che c'era sul set, dove c'è sempre molta calma e ognuno si comporta con rispetto nei confronti degli altri. Per me è necessario che tutti abbiano la possibilità di svolgere il proprio lavoro col tempo che ci vuole, senza angosce, né pressioni. Non posso tollerare l'isteria e la collera. Così, si crea una sorta di legame affettivo tra tutti i componenti della squadra, che di conseguenza mettono amore nella creazione del film. È stato sempre così in Francia, e anche in Portogallo. Sul set di Torino, c'erano moltissimi capi-macchinisti, capi-elettricisti, persone molto colte, alcune più anziane di me, che avevano lavorato con i grandi registi dell'epoca migliore del cinema italiano. Quando mi hanno detto di essere felici di poter tornare a fare del vero cinema, la cosa mi ha molto commosso.

Ha appena toccato l'argomento che credo sia veramente il cuore della sua poetica, quello dell'Amore. Vedendo i suoi film, spesso si ingaggia una lotta durissima contro il loro linguaggio, che a volte è quasi respingente... Ma, allo stesso tempo, mi sono reso conto che questi film, dopo qualche giorno, hanno iniziato a crescere dentro di me, e a prendere un respiro diverso. Ho l'impressione che il suo cinema non sia un "esercizio d'autore", ma ci sia veramente il tentativo di arrivare agli spettatori, senza rinunciare a un linguaggio e a una ricerca personale che può riuscire o anche fallire, a volte. C'è un'idea di amore puro, impossibile, che ritrovo in tutta la sua opera, da La religieuse portuguaise *a* Toutes les nuits, *nel quale ultimo, a metà esatta del film, ci sono questi due personaggi che si sfiorano, senza incontrarsi, nonostante il loro rapporto epistolare...*

Ho un piccolo aneddoto, emblematico, su quella scena, che è stata la prima scena girata di *Toutes les nuits*. Avevo passato una notte agitata, il giorno prima dell'inizio delle riprese – era il mio primo film – e, non ricordo come mai, la sveglia non aveva suonato. Mi hanno chiamato e sono corso in taxi. Fortunatamente non abitavo molto lontano, ma sono comunque arrivato in ritardo sul set... Ho trovato bizzarra quella mia assenza, in una scena che riguarda un amore incompiuto destinato a proseguire in un altro modo, attraverso le lettere. Ne *La religieuse portuguaise* il tema dell'amore penso sia alla base del film, così come quello della grazia. A Julie ho dato il nome del fondatore del giansenismo, senza rendermi conto che fosse il controesempio di San Pietro, perché non sa di avere la grazia, e fa del bene senza saperlo. Non cerca la propria salvezza, lo fa spontaneamente. Questa cosa finisce per divenire cosciente nel grande dialogo con la religiosa, e si verifica sempre una sorta d'ossimoro, un'immagine allo specchio, visto che le due donne in principio vivono delle vite opposte e poi finiscono per rendersi conto che forse sono la stessa persona.... Che esistono l'una nell'altra. Come in *Toutes les nuits* in questo romanzo scartato da Flaubert, i due amici sono figure opposte, due personalità molto diverse. Sono legati fin dall'infanzia, e ciascuno contiene l'altro sé, altrimenti non potrebbero sopravvivere. Il personaggio femminile di Emile, in *Toutes les nuits* è un po' come Julie ne *La religieuse portuguaise*: senza saperlo, permette ad altre persone di compiersi, compie degli atti d'amore, senza esserne cosciente... E con un velo di tristezza. Quando alla fine se ne rende conto, non dice di aver trovato la felicità, ma la gioia. E la gioia, infatti, è un

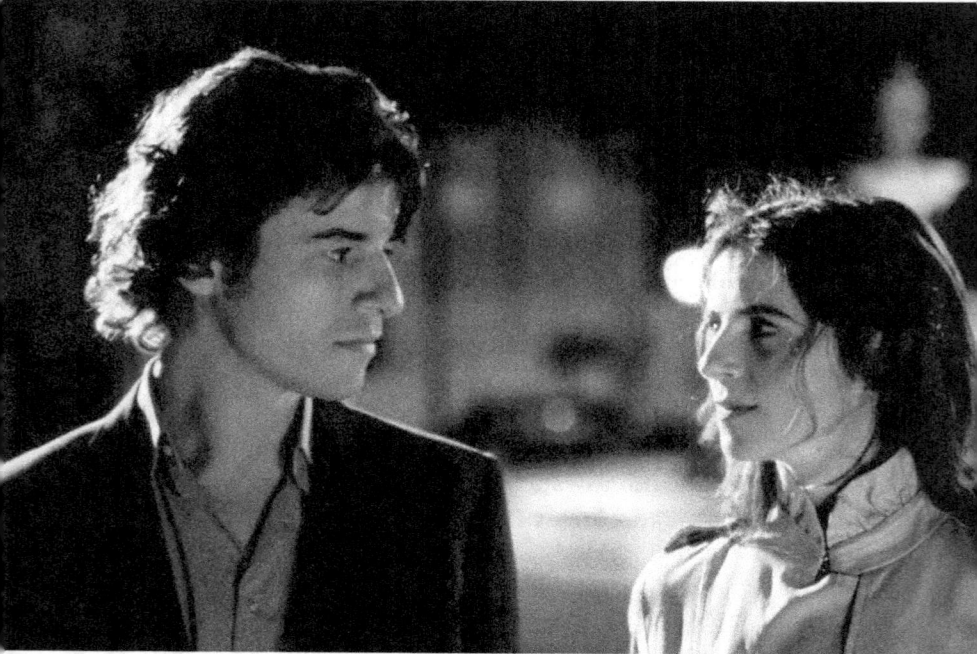

Adrien Michaux e Leonor Baldaque ne *La religieuse portuguaise*

sentimento spirituale. Sì, penso che l'amore sia il tema centrale dei miei film e dei miei romanzi.

Ne La religieuse portuguaise, *la ricerca dell'amore "profano" arriva fino al raggiungimento di un sentimento puro, rappresentato dall'adozione. Che cos'è questo "amore puro"? Si può raggiungere soltanto attraverso una mancanza, un amore non compiuto?*

È un'obiezione che mi fanno spesso i sessantottini. Vorrei chiarire bene il senso di questa cosa, che è racchiuso nel lungo dialogo tra Julie e la religiosa. Julie dice di non poter raggiungere un amore spirituale, dal momento che vive di amori profani, e la religiosa le risponde che esiste soltanto un Amore, di cui non conta la quantità, ma la qualità... Le dice, inoltre, che entrambe stanno cercando di raggiungere la stessa cosa Semplicemente l'amore. Quello che Julie comprende, nel dialogo, è che l'amore, se è un amore vero, non può essere sterile, ma deve sempre far nascere qualcosa. In portoghese "partorire" si dice "dar a luz", come in italiano, "dare alla luce". Quindi, amare è anche donare qualcosa alla luce. E si può trattare di un bambino, come di un'opera d'arte, o dell'espressione di un rapporto diretto e mistico con Dio, come per la religiosa. Julie è triste perché pensa che i suoi amori "terreni" non le abbiano donato niente, visto che sono finiti sempre con una rottura. Ma non si rende conto che, nella sua ricerca, ha finito per fare del bene. Ha salvato dal suicidio un aristocratico decaduto. Ha permesso al suo partner attore di ritrovare, attraverso la relazione extra-coniugale, la sua compagna, con la quale conduceva una tranquilla relazione borghese; ha adottato Vasco, salvando il ragazzino dall'orfanotrofio e realizzando l'amore materno che è vivo dentro di lei. Ha inoltre la speranza di un amore "terreno", quando incontra quest'uomo per il quale nel film ho introdotto questo mito portoghese, molto importante, del Re Sebastião, *O Encoberto*. Lui cerca di flirtare con lei e lei, dal momento che è un po' depressa e ha già intenzione di andare a trovare la religiosa, non ha voglia di stare al suo gioco. Pensa che perderà ancora tempo, e decide di allontanarlo, dicendogli che è la reincarnazione di Don Sebastião. Ma, quando il giorno dopo lo incontra di nuovo, inizia a ricredersi e gli dice che, se si incontreranno ancora, una terza volta, lui sarà il grande amore della sua vita E lì è sincera. Comprende che deve seguire l'istinto. E se ci sarà un terzo incontro, questo avverrà attraverso la grazia, e sarà un amore compiuto, il suo amore terreno. Altrimenti vivrà altri amori, con uomini che forse potranno donarle qualcosa, e ci sarà sempre qualcosa di buono, la possibilità di fare del bene, col suo amore... E questo è quanto...

Alla fine di questa lunga risposta, restiamo in silenzio. Eugène è molto concentrato e riesce finalmente a distogliere lo sguardo, rilassato.

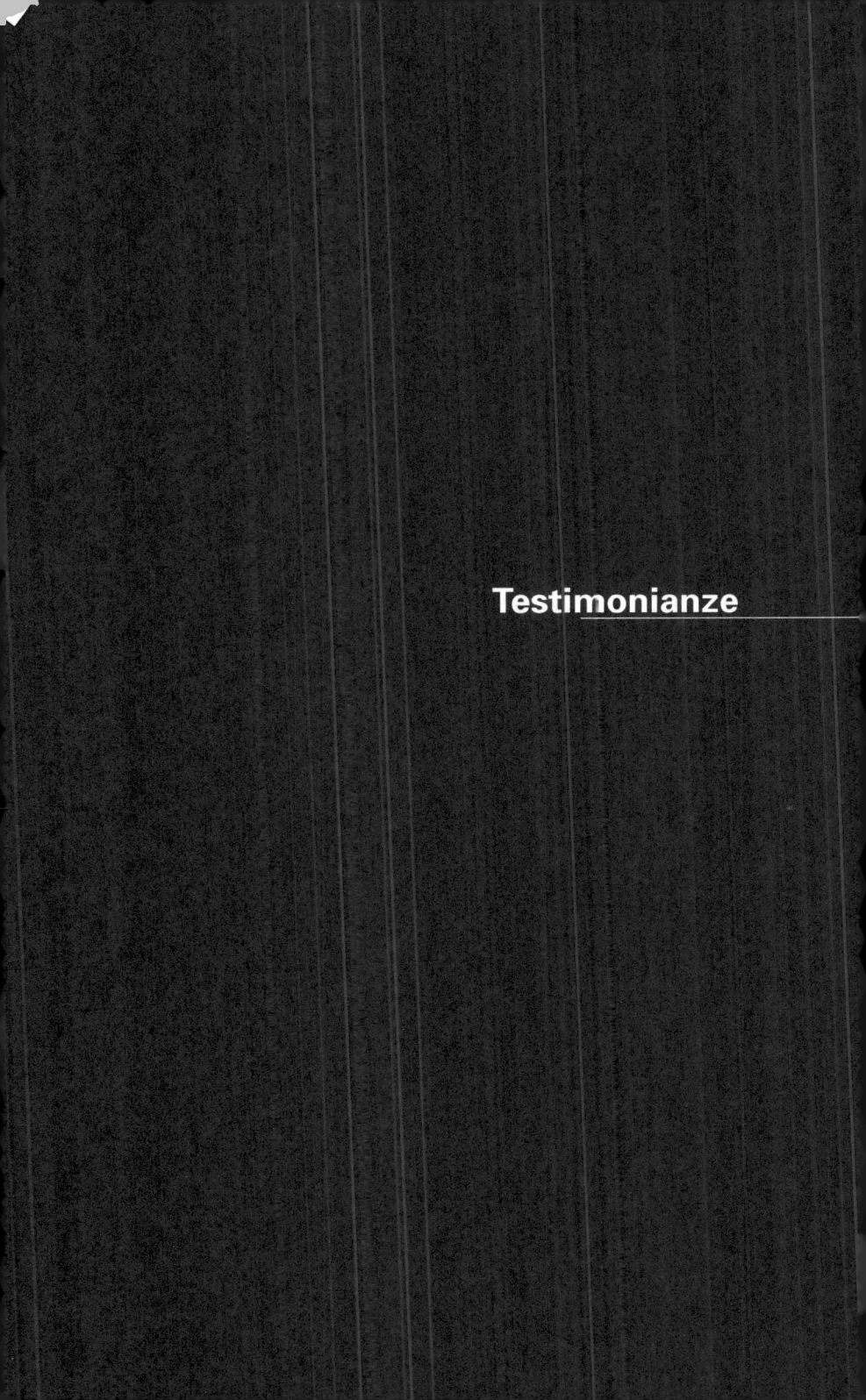

Testimonianze

Clément Cogitore
La gioia del traghettatore

La scoperta del cinema di Eugène Green è, prima di tutto, la scoperta di una lingua. Una musica inattesa per un orecchio abituato al naturalismo del cinema dominante, che poco a poco agisce come un sortilegio sullo spettatore e lo conduce in luoghi inattesi dell'emozione. La prima impressione che ricordo di aver avuto di un film di Eugène Green è proprio quella d'aver ascoltato una lingua nuova, scoperto un territorio sconosciuto.

Nel 2004, allora studente d'arte, mi sono introdotto discretamente sul set di *Le Pont des Arts*. Volevo vedere come si costruivano, si elaboravano quei film così singolari, la cui visione mi aveva profondamente colpito e commosso. Nel freddo di una giornata d'inverno parigina, ho assistito alle riprese della scena finale: un campo-controcampo tra Adrien Michaux e Natacha Régnier. Fui sorpreso dalla calma, la discrezione di quelle riprese, che mi sono sembrate subito molto lontane da quello che conoscevo. Non ho visto alcuna traccia di quella tensione o agitazione che regna nella maggior parte dei set. Direttore di orchestra discreto e quasi invisibile, Eugène guidava la scena con una serenità e una precisione che mi hanno impressionato. Non si trattava solo di professionalità e sicurezza. C'era molta forza e coerenza in quell'universo che non aveva deviazioni, né esitazioni nel trovare la sua forma visibile.

Due anni più tardi ho incontrato Eugène Green al festival del medio-metraggio di Brive, dove furono proiettati *Les Signes* e il mio primo cortometraggio *Chroniques*. Siamo divenuti rapidamente amici in quell'occasione, e ho avuto la possibilità di accompagnarlo in alcuni dei suoi progetti, cosa che rappresenta per me una lezione particolare di cinema.

C'è, nella scrittura e nella realizzazione dei film di Eugène Green, una maniera molto sottile e complessa di condurre l'emozione che, paradossalmente poggia su elementi estremamente semplici: una mano che si alza, il fogliame di un albero agitato dal vento, i vani comunicanti di una casa, il viso di un attore immobile è difficile ricordarsi di un piano particolare di uno dei suoi film, o isolare un frammento, per quanto particolarmente emozionante, riuscito, o complesso da realizzare. È la concatenazione dei piani attraverso il montaggio così come l'ha pensata il cineasta nella sceneggiatura – perché le sceneggiature di Green contengono anche il découpage del film – che ne rivelano, in una architettura complessa, la grazia.

Questo modo di pensare la totalità attraverso il frammento, al di là della sua potenza cinematografica, testimonia un pensiero che non si limita al mondo visibile e che, film dopo film, celebra un mistero.

Facendo da assistente al suo medio-metraggio *Correspondances*, ho potuto scoprire il modo nel quale, attraverso la scenografia, il quadro, la luce e il suono, il cineasta elabora la sua visione. Che si basa su una fede assoluta nei mezzi più elementari del cinema, nella sua grammatica più essenziale. Non ci sono, nel suo lavoro, trucchi o effetti speciali, ma un utilizzo estremamente preciso, intelligente e sensibile degli elementi del vocabolario cinematografico come il fuori-campo, il primo piano, il raccordo; degli elementi alla portata di qualsiasi cineasta a partire dall'invenzione del cinema. È questa architettura cinematografica molto semplice e, allo stesso tempo, estremamente strutturata che permette al cineasta di provocare e catturare l'energia e l'emozione degli attori.

In occasione delle riprese de *La Sapienza*, nell'ottobre 2013, a Roma, ho avuto l'opportunità di trovarmi dall'altra parte della camera di Eugène Green. Faccio una piccola apparizione in due sequenze, nel ruolo di un borsista di Villa Medici che organizza un pranzo a lume di candela.

Essendo io borsista di Villa Medici, mi sembrava fosse facile calarmi nella parte, pur non avendo alcuna esperienza come attore. Ma, una volta pronti per le riprese, allestita la scena, la sensazio-

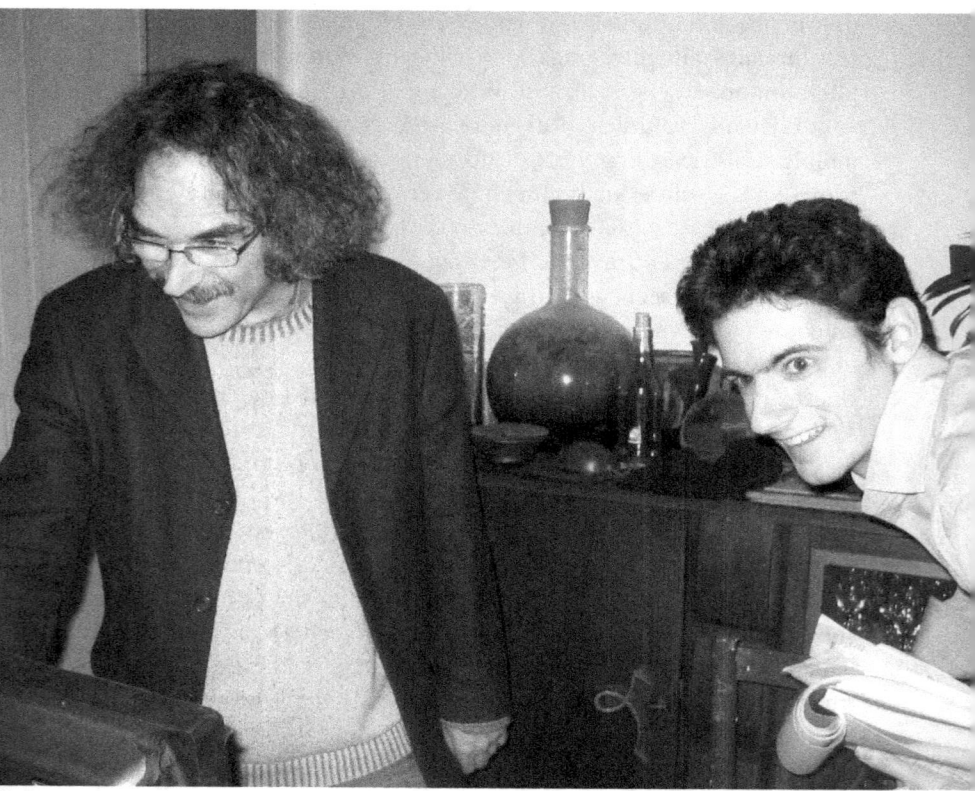

Eugène Green e Clément Cogitore sul set di *Correspondances*

ne è stata un'altra: bisognava trovare la presenza e il tono che appartengono all'universo di Eugène Green; il giusto modo di dire il testo davanti alla camera.

E qui il regista agisce come una guida, un traghettatore verso il suo mondo. Con poche parole e qualche indicazione, riesce a farti superare le paure e i blocchi. Ti induce a concentrarti sui "legami" e il ritmo interno del testo, come se fosse una partitura musicale, permettendoti di andare oltre, come attore, l'interpretazione psicologica o naturalistica del dialogo – che sarebbe dissonante rispetto al suo universo – e di liberare, consapevolmente o meno, una presenza più profonda e nascosta, immersa, e intensamente risonante, nel particolare contesto del film.

Quelli che sembrano usuali artifici del cinema naturalistico (i legami del testo, lo sguardo in macchina, ecc), diventano le leve che permettono di realizzare una presenza totale, e di toccare una verità dell'attore che è spesso a lui stesso sconosciuta.

Nel ruolo di attore, ho visto in altra luce il cinema di Eugène e l'emozione che provoca, scoprendo una nuova lingua, questa volta attraverso la mia stessa voce. Ho sentito una grande libertà, quella libertà di cui parlano alcuni attori quando hanno avuto la possibilità di lavorare con un importante regista, e che, paradossalmente, non si può manifestare che all'interno di regole precise e di un quadro ordinato. L'esperienza di quel giorno è rimasta per me come un insegnamento essenziale, sia a livello artistico che filosofico. Rivedendo i film di Eugène, sento questa libertà ovunque: nella recitazione degli attori, nella trama, nel quadro, nella luce. Per questo motivo suoi film sono necessari: per la libertà assoluta che li anima e la gioia che questo procura.

Perché c'è, credo, nel cuore del cinema di Eugène Green, dietro gli amori impossibili, i fantasmi melanconici, i lutti necessari e la ricerca di assoluto, una gioia profonda. La gioia di celebrare un "Mondo vivente", fatto di ponti e di passerelle tra i vivi e i morti, tra l'infanzia e l'età adulta, tra il visibile e l'invisibile: la gioia del traghettatore.

Clément Cogitore è artista e cineasta. I suoi cortometragg. e documentari sono stati selezionati e premiati in numerosi festival internazionali (Quinzaine des réalisateurs Cannes festival di Locarno, Lisbona, Montréal). I suoi video, le installazioni e le fotografie sono stati esposti in numerosi musei e centri d'arte (tra gli altri: Palais de Tokyo e Centre Georges Pompidou, Parigi; Haus der Kultur der Welt, Berlino; Museum of Fine Arts, Boston). Nato nel 1983 a Colmar, vive e lavora tra Parigi e Strasburgo. Nel 2012 è stato borsista dell'Accademia di Francia a Roma, a Villa Medici. Il suo primo lungometraggio *Ni le ciel ni la terre* è uscito in sala in Francia nel 2015. Nel 2017 esce il documentario *Braguino*.

Christelle Prot
Esseri parlanti

Ho conosciuto Eugène Green nel 1996, grazie ad alcuni amici comuni che, conoscendo l'orientamento particolare delle nostre aspirazioni, hanno previsto la possibilità di un incontro. Avevano ragione, e gliene sono grata, dal momento che fu un incontro essenziale, determinante ed estremamente prezioso per me.

Avevo già potuto apprezzare il suo singolare talento d'attore durante un récital in "lingua barocca", che mi aveva emozionato in un modo molto particolare. Ero perplessa, toccata al di là della bellezza della forma, affascinata ed incuriosita

Quell'anno, Eugène teneva un corso alla Cartoucherie de Vincennes, per formare degli attori in prospettiva della sua prossima messa in scena de *La Place Royale* di Corneille. Purtroppo tutti i ruoli femminili erano già stati assegnati, ma per me era molto importante partecipare a quel lavoro, che mi sembrava prima di tutto qualcosa di artisticamente fuori dall'ordinario. Speravo almeno di poter essere ingaggiata per altre produzioni, se ne avessi avuto le capacità.

Quell'emozione inizialmente strana e indefinibile, nuova in rapporto a quello che potevano procurarmi gli spettacoli che vedevo in generale, apriva di fatto, nel repertorio della nostra lingua e cultura, la dimensione sacra comunemente ammessa e ricercata fino a quel momento nelle forme e nelle tecniche teatrali orientali.

Ammiravo molto questa messa in gioco, e vi aderivo con una coscienza sempre più intensa, misurando al contempo la difficoltà concreta di trovare un percorso di vita nel mondo contemporaneo.

Il lavoro sulla vocalità era molto esigente, e bisognava avere delle buone nozioni di tecnica del canto, sulle quali iniziai a lavorare; la dizione necessitava di una precisione senza il minimo errore. La gestualità, dal punto di vista della composizione coreografica, poteva rivelarsi magnificamente sensibile e personale per ciascuno degli interpreti, nonostante l'integrazione di regole molto precise, fondate su quelle scoperte nei manuali di declamazione e postura del XVII° secolo, che ci servivano da guida. Visivamente era uno splendore: l'illuminazione integralmente affidata alla luce delle candele ci donava una vibrazione estetica delle più drammatiche, toccando nell'intimo, pudico, lirico e profondo. E tutto questo al servizio dei testi così sontuosi che mi avevano inchiodata al teatro per sempre, già da bambina.

Con Eugène ritrovavo quello che avevo scorto e che tanto mi aveva emozionato fin dal mio primo contatto con Molière, Corneille e Racine, a 13 anni, nella mia regione natale dell'Auvergne.

Dopo quel primo laboratorio, e in uno stesso processo creativo della sua messa in scena de *La Place Royale*, Eugène mi aveva proposto di fare una lettura della *Bérénice* di Racine, nello spazio della Cartoucherie de Vincennes, nel bellissimo Théâtre de l'Epée de Bois, illuminato solo dalle candele. Fu un momento di grazia unico, e una delle mie due uniche letture pubbliche con la dizione barocca.

In modo molto coerente, senza confinarsi soltanto nel tentativo della ricostruzione storica, Eugène ricercava anche un linguaggio più contemporaneo, che si fondasse sugli stessi princìpi.

Fu così che decise di lavorare su un laboratorio, che potremmo definire di ricerca formale, estetica e declamatoria, sulle opere di Claudel e di Maeterlinck. Fu un'esperienza molto gioiosa e appassionante come tutto quello che ho potuto conoscere sotto la sua direzione. Il risultato era insolito e audace, non privo di una grande emozione drammatica.

Durante questo laboratorio nel 1997, seppi che stava scrivendo per il cinema, e che avrebbe ricevuto un finanziamento da parte del CNC per il suo primo lungometraggio *Toutes les nuits*. Ero talmente stupita e contenta che, quando ha condiviso la sua gio-

ia con noi, ho provato a chiedergli, molto emozionata, se fosse possibile avere una piccola parte...
Mi ha richiamato qualche tempo dopo per offrirmi il ruolo di protagonista. Non stavo sognando. Mi offriva il sogno di ogni attrice: potersi sprigionare nel tragitto di un personaggio importante. Non avevo mai lavorato nel cinema, se non in qualche piccolo ruolo per cortometraggi di studenti, o in altri piccoli ruoli che non mi avevano portato molto, se non frustrazione.
Quando ho letto la sceneggiatura ero stordita di gioia e di riconoscenza.

Dopo molte peripezie, che oggi sembrano delle carezze, dal momento che per lui è ancora così difficile riuscire a produrre i suoi film, iniziammo finalmente le prove.
Devo ammettere che io mi sentii d'un tratto molto preoccupata, perché Eugène ci chiedeva di aderire a una forma non naturalistica, di pronunciare tutti i legami tra le parole nel testo, e di ridurre al minimo i nostri movimenti e gli impulsi psicologici...
Oggi questo risulta molto coerente con la ricerca che l'ha animato sin dal suo esordio nel teatro, anche se lo stile che proponeva non aveva niente a che vedere con il lirismo che dimostrava in scena, ma personalmente trovavo difficile trasporre nel cinema quel tipo di lavoro. Avevo paura che si potesse pensare di me (in particolare), come di una pessima attrice; che sembrassi falsa, impostata, ed iniziai a sospettare anche che Eugène mi avesse proposto quel ruolo perché sapeva che sarei stata malleabile e non avrei fatto storie pur di non perdere la grande occasione che mi era stata offerta
Fu così che, non senza una grande inquietudine, mi accingevo a rispettare le sue regole di messa in scena, cercando almeno di trovare, in questa cornice così stretta, una libertà più personale attraverso una delicatezza sonora sui legami che allo stesso tempo non tradisse niente delle sue imposizioni. Oggi posso confessare che quello era il mio modo di resistere, di essere veramente un'attrice, e di proteggermi per non sentirmi troppo "oggettivata", perché scorgevo lì i riferimenti ai "modelli" di Bresson... Fu

in realtà un esercizio d'attore favoloso, che mi ha insegnato e donato molto.

Nell'immagine il mio piccolo lavoro di elaborazione interna probabilmente non si vede, perché la presenza semplice e cruda è proprio la chiave di tutto. Bisogna solo provare ad abbandonarvisi. Forse non è servito ad altro che a farmi sentire libera, ma i critici che hanno apprezzato il mio lavoro, così come le qualità artistiche del film, hanno rafforzato le mie scelte, il mio percorso e la fiducia che avevo scelto di riporre nella ricerca di Eugène, nonostante le mie preoccupazioni iniziali.

Cercare la mia libertà di attrice, o meglio il mio sentimento di libertà, di scioltezza all'interno del gioco, è stato sempre al cuore del mio lavoro; senza dubbio perché si tratta di un mio limite personale, pur essendo ciò che sta alla base del gioco dell'attore. Questa preoccupazione l'ho vissuta molto presto, sin da quando mi sono scontrata con i limiti di un lavoro prevalentemente intellettuale o forzatamente psicologico, come si insegnava nei laboratori che ho frequentato prima del 1990. Già da allora mi ero avvicinata intenzionalmente a delle tecniche più corporali nella mia formazione all'estero, o con insegnanti di culture diverse, con lo scopo preciso di far crollare le mie difficoltà in questo campo.

La specificità del lavoro d'attore con Eugène che ho descritto qui risponde per me a un'ambizione particolare, e alla posta in gioco che ho sempre cercato in quest'arte. Mi ha anche permesso di approfondire una ricerca personale rispetto al saper fare "tecnico", per accedere a quell'esattezza di interpretazione che mi sembrava vitale raggiungere.

Dopo questa prima esperienza cinematografica appassionante, abbiamo fatto molti altri film insieme: cortometraggi e lungometraggi, sempre con la stessa formidabile atmosfera durante le riprese, malgrado le condizioni materiali, sempre deplorevoli. Per *Toutes les nuits*, l'atmosfera era particolarmente straordinaria, la troupe era molto giovane e per molti è stato il primo lungometraggio della loro vita. Penso che quelle riprese abbiano profondamente segnato i protagonisti in primo piano. C'era un contagio di gioia, di rispetto per l'originalità creatrice di Eugène, di buona volontà che andava ben oltre la professionalità e che ha permesso di far esistere questo film, nonostante le difficoltà ed i conflitti con la produzione, spesso tempestosi e dannosi.

Molti anni dopo, dopo aver smesso di fare tournée e di recitare regolarmente in teatro, e quando mi ero già orientata per necessità, ma anche per interesse, verso altre strade professionali, Eugène mi ha proposto il ruolo di Alienor Schmit ne *La Sapienza*, avendolo scritto e pensato per me. Ho ritrovato tutto come se fosse ieri, con lo stesso ardore e la stessa gioia. Ho ritrovato l'illuminazione con le candele, la musicalità della mia lingua, quella nuova e così bella dell'italiano, che adoro ma che posseggo poco, gli sguardi in macchina, dove si recita senza vedere il proprio compagno, e dove bisogna raddoppiare la concentrazione, per porsi in ascolto delle sfumature sottili nelle intenzioni che ci vengono rivolte al di là dell'obiettivo, dove si trova l'altro protagonista. Ho ritrovato quel rapporto così particolare con la camera, che diventa quasi un compagno di giochi. Il nostro direttore della fotografia, al suo posto da sempre su tutti i film di Eugène, opera ormai con un'intesa così complice con lui, che ci permette di lavorare con una tranquillità sempre più evidente. Per me è stato come un ritorno a casa, tutto mi è sembrato familiare. Sono rimasta deliziata, nonostante la paura delle scene, e l'ansia di non essere all'altezza, dopo tutti questi anni di assenza come attrice.

Penso oggi che la forma cinematografica, e i vincoli tecnici di Eugène, siano in realtà una cornice che è prima di tutto l'appoggio per raggiungere una grande autenticità, una privazione che tocca il cuore e la presenza reale, più che una difficoltà da oltrepassare. Spero che il mio lavoro ne sia la prova.

Ho sempre avuto in cambio molta felicità nel lavorare sotto la regia di questo cineasta che è Eugène. Si è sempre mostrato amichevole, delicato e rispettoso con i suoi attori, e particolarmente con me. Ho avuto l'immensa possibilità di poter essere la custode della sua parola. Il suo stile incredibile e stravagante, totalmente votato alla propria arte e alla posta in gioco che difende, può spiazzare qualcuno e rischiare di essere incompreso o respinto. Ma è proprio questo che mi tocca nel profondo, e se ci sono dei malintesi non sono che dettagli senza importanza, per quanto considero questo incontro interessante e prezioso.

Alla radice, quello che mi lega a lui con una amicizia tanto solida, dopo tutti questi anni ed avventure, è senza dubbio la riconoscenza reciproca per un rapporto esigente fin da subito. I nostri percorsi ed alcune delle nostre scelte sono diverse, e possono anche sembrare paradossali, ma per me l'incontro si è forgiato in quel luogo della Parola dove il suo rispetto e la voce che le dà corpo la possono rivelare nella sua dimensione sacra e performativa.

Così facendo, Eugène restituisce un senso favoloso alla nostra esistenza, e re-incanta la nostra condizione di esseri parlanti.

Christelle Prot è un'attrice francese. Scopre il teatro classico al liceo. Negli anni '90 incontra Eugène Green e lavora sul teatro barocco insieme a lui, che la chiamerà a collaborare nei suoi futuri progetti cinematografici. Nel 2001 vince il premio Michel-Simon per il suo ruolo in *Toutes les nuits*.

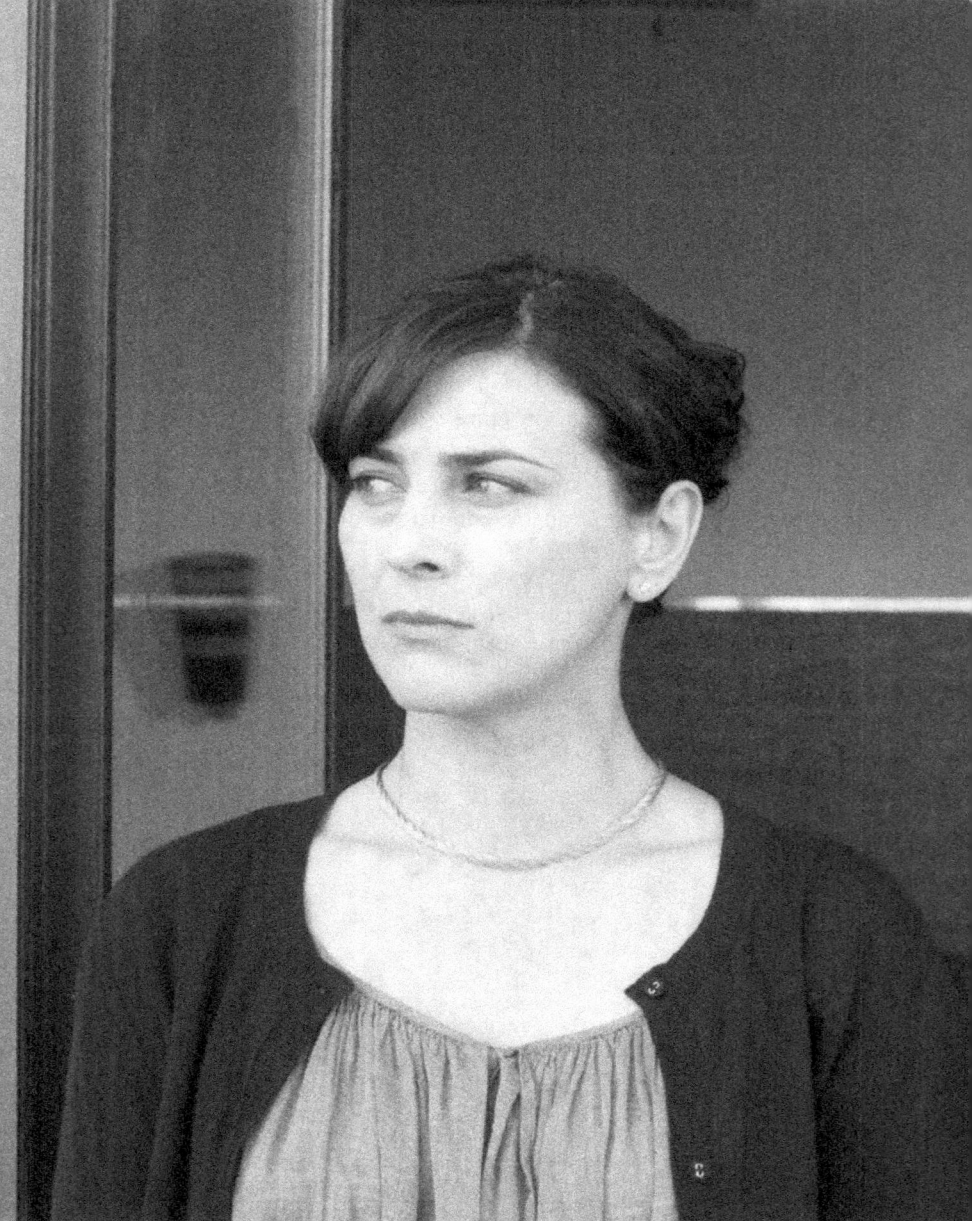

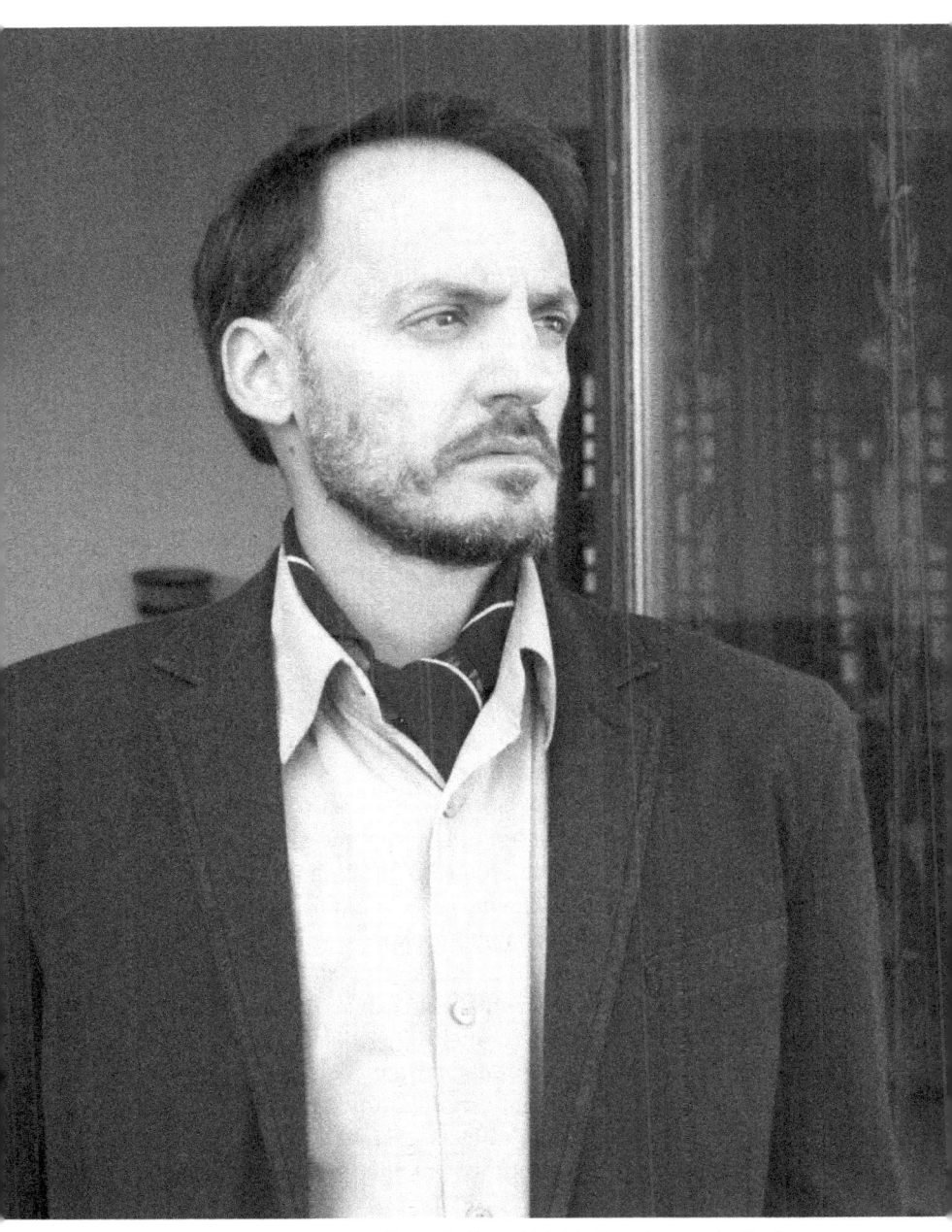

Christelle Prot e Fabrizio Rongione ne *La Sapienza*

Fabrizio Rongione
La Maschera

Ho conosciuto Eugène Green tramite i Fratelli Dardenne, che avevano co-prodotto il suo secondo film, *Le monde vivant*. Mi pare fosse il 2004, c'era un'anteprima a Bruxelles e loro mi avevano invitato a vedere il film, dicendomi che non dovevo assolutamente perderlo. È stato lì che l'ho conosciuto di persona. Quando ho visto il film per me è stato come uno shock, non avevo mai visto qualcosa così, ancora adesso penso che per me quello rappresenti il suo film migliore, il più bello, il più libero. Poi per molti anni non ci siamo più incontrati, anche se io ho continuato a seguire il suo lavoro, ho visto *Le Pont des Arts* e *La religieuse portuguaise*: il suo cinema mi è piaciuto da subito. Alla fine nel 2013 ci incontriamo e lui mi propone *La Sapienza*, ero contentissimo. Quando ho letto la sceneggiatura ho accettato immediatamente, senza alcun dubbio. Era un testo molto bello. Sapevo che lavorare con lui sarebbe stato particolare, ma non ero spaventato; ero invece molto curioso.

Eugène ha un suo metodo specifico di messa in scena, che è già ben delineata nella sua testa, e il lavoro che si fa con lui è per molti aspetti diverso rispetto a quello che si fa con altri registi: è come se sapesse già esattamente come montare il film prima ancora di girarlo. In una scena può capitare a volte di non recitare le battute di seguito, magari si inizia prima dalle ultime, e poi si passa a un campo-controcampo sulle prime. Anche se non sembra, il suo metodo assomiglia molto a quello dei Dardenne. Con loro a volte diventi quasi un pupazzo, e anche con Eugène devi lasciarti andare, devi dimenticare la tua personalità e abbandonarti al suo sguardo, al suo universo. È importante tralasciare in quel momento tutto l'aspetto psicologico del personaggio, che su un altro tipo di film o con altri registi sarebbe invece molto importante.

È un bel paradosso, come quando lavori con la maschera in teatro. Il corpo dell'attore, quando indossi la maschera, trasmette molte più emozioni che senza. Nella commedia dell'arte, per esempio, è la cosa più vera che c'è. Il lavoro della maschera non è quello di nascondere, ma di svelare la personalità dell'attore per trasmettere qualcosa, un'emozione tra il corpo dell'attore e il corpo dello spettatore. Questo è il paradosso, ed anche la cosa più bella della maschera teatrale.

A volte lavorare con Eugène è quasi come essere in una gabbia, o con le mani legate: ti senti talmente incatenato, prigioniero, che improvvisamente possono emergere emozioni che non avevi nemmeno immaginato di avere. Delle emozioni molto forti.

Persino nel cinema "realistico" se quando reciti ti muovi come nella vita trasmetti meno emozioni. Perché il cinema è sempre una finzione, c'è una macchina da presa, il montaggio la luce, e quando tu cerchi di fare come nella vita finisce sempre per essere meno interessante. È più stimolante muovere il corpo in modo diverso, creare qualcosa di insolito, per cercare di svelare quel nascosto che tutti abbiamo. Si cerca sempre di nascondere qualcosa, magari inconsapevolmente; la maschera aiuta a svelarla. Anche rispetto alla dizione, il concetto è sempre lo stesso: più metti degli ostacoli ad un attore, e più è possibile rivelare qualcosa di molto bello al livello emozionale, d'inatteso. Gli ostacoli servono a rivelare un'emozione, se tutto è facile e semplice ti puoi nascondere ancora di più.

Eugène ha un modo di lavorare non comune, c'è sicuramente bisogno di uno sforzo, ma non è poi molto diverso dall'impegno che si ha con altri registi. Si tratta piuttosto di una questione di fiducia, se hai fiducia del regista – in questo caso di un grandissimo regista – è un lavoro che si fa volentieri. È come se lui componesse dei quadri: per me i suoi film provengono direttamente dalla pittura italiana del '300: il viso, lo sguardo, il corpo. Cose che non puoi nascondere. Con la parola si può nascondere molto ma con lo sguardo è difficile.

Personalmente, penso che questi film abbiano un valore universale, è un cinema che secondo me, come le grandi opere d'arte, sarà visto ancora tra qualche anno – e anche più apprezzato – perché si tratta di una forma diversa. Sono film preziosi, essenziali, e per questo universali.

Poi, oltre ad essere un grande autore, Eugène è una persona eccezionalmente sensibile ed empatica. Abbiamo passato delle serate meravigliose insieme, a cena, durante la lavorazione de *La Sapienza*, parlando di molte cose al di là del cinema. È stato un percorso che si è svolto in parallelo con quello del film, siamo stati in Ticino, poi a Torino e Roma – città in cui amo stare – condividendo insieme un viaggio nella cultura italiana, in tutta quella bellezza. È stata un'esperienza molto ricca, che si è ripetuta per *Le Fils de Joseph* – anche se quello, purtroppo, è stato girato interamente a Parigi, città che amo meno di Roma. Vivo a Bruxelles, ma quando posso preferisco stare al sud, lavorare in Italia, c'è un'atmosfera diversa.

Per adesso ho fatto due film con Eugène, ma spero di lavorare ancora con lui. È sempre molto faticoso trovare i finanziamenti per questo tipo di lavori, ma credo che, in qualche modo, rimarrà sicuramente una traccia nella storia del cinema.

Fabrizio Rongione è un attore nato nel 1973 in Belgio, con origini italiane. Il suo debutto cinematografico si ha in *Rosetta* (1999) dei fratelli Dardenne. Reciterà poi in molti altri loro film, tra cui *L'enfant* (2005; Palma d'oro al Festival di Cannes), *Il matrimonio di Lorna* (2008), e per ultimo *Due giorni, una notte* (2014), a fianco di Marillon Cotillard. Oltre ai Dardenne, in Italia ha lavorato con Renato De Maria ne *La prima linea* (2009) e con Daniele Vicari in *Diaz* (2012). Nel 2014 è il protagonista de *La Sapienza*, di Eugène Green, col quale tornerà a lavorare ne *Le Fils de Joseph* (2015). Attualmente vive a Bruxelles.

Leonor Baldaque
Sur Eugène

Ho voluto conoscere Eugène dopo aver visto *Le Pont des Arts*. Il mio agente l'aveva chiamato, e ci eravamo messi d'accordo per incontrarci in un cinema dopo la proiezione del suo film, che avrebbe presentato. Dopo, ci siamo visti spesso, molto spesso, al *Café de la Mairie*, a Place de Saint Sulpice, dove Eugène andava a lavorare tutte le mattine, presto. Ho trascorso molto tempo parlando con Eugène, per scoprirlo. Qualche anno più tardi, Eugène mi ha proposto *La religieuse portuguaise*.

È un film a cui tengo particolarmente. È stata la mia prima vera incursione nel mondo di un altro cineasta che non fosse Manoel – è stata una cosa molto importante per me. E poi, la possibilità di tornare in Portogallo, paese che ho lasciato già da 17 anni. Inoltre, certamente, un ruolo magnifico, circondata da una troupe da sogno. Eugène è un cineasta discreto in scena, ma onnipresente. Il suo mondo è ovunque nelle parole che fa pronunciare ai suoi attori. Mi sono sentita sollevata – non so esattamente verso dove, ma verso un altrove – recitando quelle parole a lui. Sono state riprese molto intense, perché per me quel personaggio creato da Eugène è l'intensità stessa. I giorni e le notti di lavoro sono state, oguna, riempite di bellezza, di gioia, e di una grande forza che emana la sua creazione nell'atto di prendere forma, in una città che Eugène ama moltissimo. Penso di poter dire, come Svevo che si ricordava di ogni sigaretta fumata (giusto?), che mi ricordo di ognuno di quei giorni di ripresa. Tutto è sembrato – romanzesco come può sembrare – un sogno ad occhi aperti. Spesso, quando l'estate finisce e l'autunno comincia, sento ancora nell'aria quell'atmosfera d'inizio riprese, che si sono svolte in quel periodo dell'anno così bello di cambiamento, di fine e di inizio.

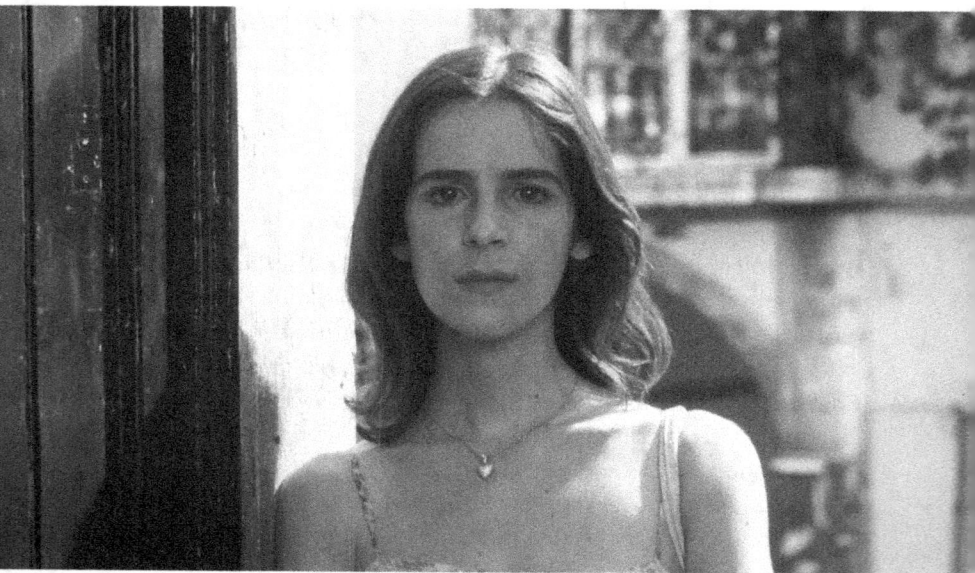

Leonor Baldaque ne *La religieuse portuguaise*

E poi, inoltre, è un film a cui tengo molto perché dopo ho deciso di abbandonare il cinema per inseguire una vocazione: sono partita per vivere a Roma e sono diventata scrittrice. Non avrei voluto un miglior film di "arrivederci" al cinema. Ho potuto lasciare il cinema senza alcun sentimento di "incompiuto". È stato anche per questo motivo un grande regalo da parte sua.
Eugène resta un amico molto vicino – e un cineasta di cui ogni film rappresenta per me una magnifica attesa. Sono felice di sapere che ne farà altri. Molti altri, spero.

Leonor Baldaque è un'attrice portoghese, nata nel 1977 a Porto. È apparsa regolarmente nei film di Manoel de Oliveira, ed è la nipote della scrittrice Augustina Bessa-Luìs. A 26 anni ha vinto il premio "Shooting Star" del Festival di Berlino per il suo ruolo ne *Il principio dell'incertezza*. Nel 2012 ha pubblicato presso Gallimard il suo primo romanzo, *Vita (La Vie légère)*. Attualmente vive tra Roma e Parigi.

Adrien Michaux
Una lingua nuova

Ho incontrato Eugène quando avevo vent'anni. Credo che il nostro incontro – umano, artistico – sia arrivato nel momento "giusto", anche se allora non ne ero del tutto cosciente, era quello che aspettavo. Avevo appena finito la mia formazione alla scuola nazionale di teatro e credo che, confusamente, senza poterlo nominare, aspiravo a *qualche altra cosa*. Altre forme, altre scommesse. Altri strumenti, altri territori di gioco. Una ricerca singolare, dai contorni forse più poetici, più spirituali. E la possibilità di avere accesso, concretamente, in quanto interprete, a quella che si potrebbe definire una qualità inedita di vibrazione, di *presenza*. Laddove si nasconde un segreto – e dove si può a volte rivelare ciò che è nascosto.

Questo è quello che mi ha offerto Eugène – donandomi anche la possibilità di "fare del cinema".

Ci siamo incontrati nei caffè, con regolarità, per molto tempo. Abbiamo discusso a lungo, notavo che mi osservava e mi ascoltava con un'enorme attenzione. Mi parlava del suo primo film, che sperava di girare presto; da parte mia, mi ricordo di avergli parlato de *Le due Inglesi*, de *La Maman et la Putain*, di *Morte a Venezia* erano le cose che scoprivo a quel tempo, quando avevo l'età per formarmi. Gli avevo anche inviato un testo che avevo scritto e lui mi aveva incoraggiato molto. Poi un giorno ho ricevuto un grande dattiloscritto, che ho letto d'un fiato e che mi ha stravolto: era la sceneggiatura di *Toutes les nuits*, nel quale mi proponeva di avere il ruolo di Jules. Forse aveva riconosciuto in me un po' di quello che era lui alla mia età – come io avevo riconosciuto nella sua storia molti dei miei desideri, delle mie rabbie, e dei miei dubbi?

Quella fiducia assoluta accordata ad un ragazzo, all'attore che ero, non l'ho mai scordata.

In dieci anni, ci sono stati uno spettacolo – *Mithridate* di Racine – e quattro film insieme.

Di *Toutes les Nuits* conservo il ricordo abbagliato della "prima volta", come un ricordo d'infanzia, delle grandi vacanze. Era lì, nei pressi di Avignone, che abbiamo inventato insieme un gesto, un linguaggio – qualcosa che ci *assomigliava*. De *Le monde vi-*

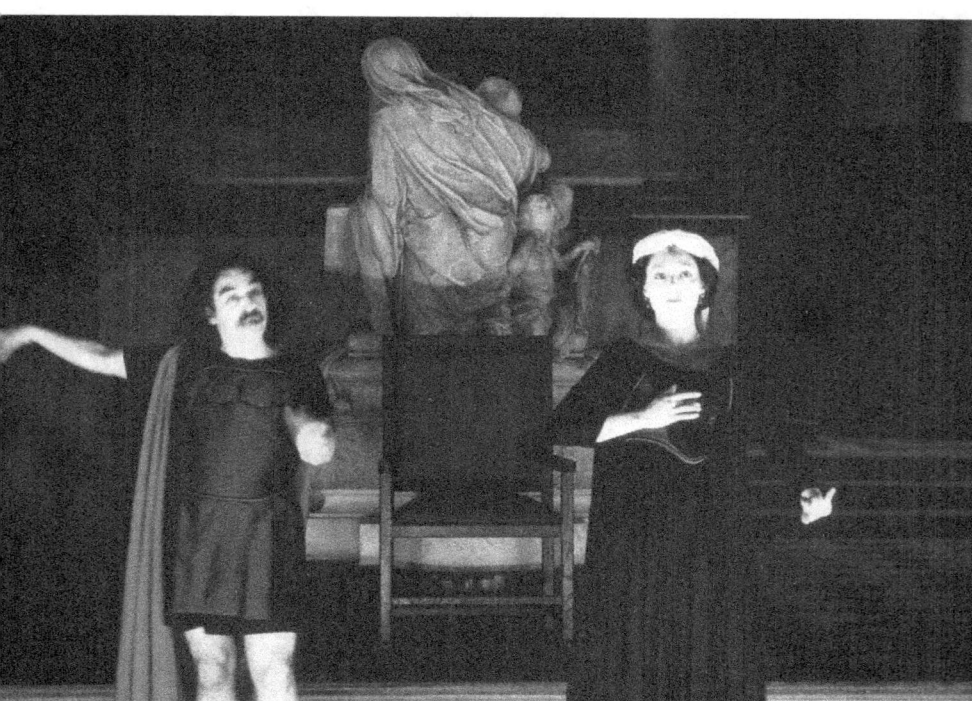

Eugène Green nello spettacolo *Mithridate*. Chapelle de la Sorbonne, 1999

vant mi ricordo la sensazione di ritrovare una famiglia, e la mia angoscia, i primi giorni, di non esser più "all'altezza", di non "riuscirci più" – presto spazzata via dai giorni di lavoro e dall'energia stupefacente dei paesaggi in cui giravamo. Quanto a *Le Pont des Arts*, si tratta forse del più bel dono che mi ha fatto. Attraversavo un periodo molto tormentato, e proponendomi quel ruolo, quella storia, Eugène mi ha rimesso in sesto, mi ha restituito il movimento. Nello scorrere delle settimane, ho ritrovato il piacere e la forza – e anche il *senso*, di girare nella città dove ho sempre vissuto (ho sempre trovato magnifico e raro quello che è riuscito a catturare di Parigi sullo schermo). Infine, de *La religieuse portuguaise*, conservo il ricordo di un'intesa ancora più grande – quando tra due inquadrature, una sola frase, uno sguardo era sufficiente per capirsi. E poi mi ricordo della sua gioia nel farmi scoprire Lisbona, e nel condurmi la sera in città, per ascoltare il Fado.

Eugène mi ha insegnato una lingua nuova, che ho avuto presto l'impressione di conoscere già – o, almeno, di aver sempre voluto parlare. Le "regole del gioco" che propone – di cui si sottolineano soprattutto i legami sistematici tra le frasi e gli sguardi in camera – mi sono sembrati presto famigliari, capaci di offrire un'immensa libertà di espressione. Quello che Eugène cerca di richiamare, di disseppellire, è l'energia interiore dell'attore, spogliata dalle scorie e dai gesti deputati a far credere che "non si reciti mai", che sia "come nella vita" – tutto quel repertorio che si pretende "naturale" raramente messo in dubbio. Eugène è attento al minimo gesto, al minimo movimento, attento all'intensità e alla portata di ogni minimo sguardo. Accoglie di buon grado le idee e le proposte, quando ritiene che possano migliorare una scena; è capace di comporre al meglio di fronte agli incidenti e agli imprevisti, ma questa resta la sola forma di "improvvisazione" con lui. È raro per esempio che il testo venga modificato in corso d'opera, per qualsiasi ragione, in quanto ogni parola sembra essenziale.

E dal momento che la parola è al centro, presta un'attenzione quasi musicale alla voce che farà ascoltare quello che ha scritto – scorrevolezza, timbro, fraseggio – chiedendo spesso all'attore di parlare "come a se stesso" e non esitando mai nel fargli riprendere finché necessario l'intonazione di una frase, l'accento di una parola che gli sembra fittizia. È un lavoro di grande rigore, che richiede al contempo padronanza ed abbandono, in ogni caso uno stato di estrema concentrazione – come ogni volta che si tratta di richiudersi in sé per tentare di *parlare*, veramente.

Oggi, mentre *Les Fils de Jospeh* esce in sala, sono contento di vedere che il lavoro di Eugène continua ancora a raggiungere molte persone, di ogni paese e di ogni generazione. Questo libro ne è una bella dimostrazione. Malgrado questo, continuo a pensare che la sua opera non sia ancora riconosciuta come dovrebbe – dagli spettatori, e dai suoi colleghi – e continuo a sperare che riesca più facilmente a portare a buon fine i suoi progetti, perché gli resta ancora molto da creare. Però quando a volte qualcuno mi avvicina per parlarmi di Jules, Nicolas, Pascal o Martin, mi rendo conto di quanto questi film siano importanti per quelli che li hanno visti. Per me, sono come dei timbri nella mia vita di uomo e di artista – le tracce luminose di un'amicizia impeccabile.

Adrien Michaux è un attore francese, nato nel 1977. Appena uscito dalla *Scuola Nazionale di arti e tecniche del Teatro (Ensatt),* incontra Eugène Green, che lo dirige nella rappresentazione del *Mithridate* di Racine, nel 1999, e gli offre poi il ruolo principale nei suoi primi tre lungometraggi. Al cinema, ha lavorato regolarmente con Sébastien Betbeder e Jean-Paul Civeyrac. Oltre alla sua attività di autore teatrale, è anche autore di poesie e pièces.

Raphaël O'Byrne
Proiettori barocchi

È stato nel 1999 che lo sentito parlare per la prima volta di Eugène Green, quando stava preparando la prima di *Castore e Polluce* di J.P. Rameau al Teatro Nazionale di Praga. Un produttore mi propone di realizzare insieme un documentario sul suo lavoro di regia ma alla fine, a causa della scarsità dei finanziamenti, quel progetto non vede la luce.

Poco tempo dopo ricevo una telefonata da un amico produttore, Philippe Martine de Les films Pelléas, grande appassionato di musica, che mi dice di aver visto *Castore e Polluce* a Praga e di aver incontrato Eugène. Mi dice che Eugène, avendo ottenuto un aiuto dal CNC, sta pianificando la realizzazione del suo primo lungometraggio di finzione (non ha ancora fatto nessun film) e cerca un direttore della fotografia; così mi propone di mettermi in contatto con lui per incontrarlo al suo ritorno.

Conosco Eugène qualche tempo dopo a Parigi: il nostro primo incontro ha luogo in un caffè, parliamo dei nostri percorsi, lui proviene dal teatro e io dal documentario. All'epoca non ero mai stato direttore della fotografia su un lungometraggio di finzione, la mia formazione si è consumata sul campo, senza passare per una scuola; sono arrivato alla composizione un po' per caso e attraverso il documentario, anche se a volte mi è capitato di fare l'assistente su alcuni lungometraggi di finzione. Sarebbe stata quindi una prima volta per entrambi, lui come regista ed io come direttore della fotografia. Mi consegna la corposa sceneggiatura di *Toutes les nuits,* mi dice che deve incontrare un altro direttore della fotografia, ed entrambi decidiamo di rivederci presto.

Leggo la sceneggiatura e resto profondamente colpito dalla bellezza di questa storia, dal destino dell'amicizia tra Henri e Jules e dal trio che formano insieme ad Emilie, la donna che ognuno amerà a proprio modo. Quello che mi colpisce di più è la forza dei dialoghi, dalle repliche brevi, e le "voci disincarnate" dei personaggi; provo una grande dolcezza, una profonda malinconia in questa storia, e molta poesia.

La scrittura è molto precisa, ogni scena è numerata, così come ogni piano all'interno di queste scene: il film è già totalmente pianificato in sceneggiatura. Le ottiche dei piani e le azioni sono scritte in corsivo, e ci sono spesso delle descrizioni precise rispetto alla luce che illumina queste scene: «2. Volto di Emilie che riceve l'illuminazione da un lato. Dopo, i due volti in alternanza, con quelli di Henri controluce».

Qualche giorno dopo ci rivediamo, lui mi dice che l'altro direttore della fotografia non ha trovato un accordo con la produzione e che se accettavo sarebbe stato felice di fare il film con me. Io gli confesso di essere rimasto molto colpito dalla sceneggiatura, e che sarei stato anche io molto contento di partecipare a questa avventura. L'affare è chiuso, avremmo fatto il film insieme.

Durante le conversazioni che facciamo in fase di preparazione, lui mi parla di due cose alle quali tiene in modo molto particolare: la prima è il suo desiderio, quando i personaggi si parlano faccia a faccia (situazione che ricorre spesso nel suo cinema), di piazzare la camera tra di loro, e che ciascuno dei due attori reciti il suo testo guardando direttamente nell'obiettivo (tranne nel caso in cui ci sia la quinta dell'attore che "riceve" il testo), camera che vorrebbe sempre salda su un cavalletto (non ama la macchina a mano, e ci sarà solo un piano girato così in *Toutes les nuits*); e la seconda riguarda le sequenze nelle quali la scenografia o gli attori sono illuminati dalla luce di una candela o di una lampada a petrolio, Eugène non vuole che queste scene vengano rischiarate da una luce elettrica calda, che potrebbe simulare una finta luce di fiamma, ci tiene che siano realmente le fiamme ad illuminare gli attori, e mi parla dei "proiettori barocchi" che ha realizzato con l'aiuto del suo scenografo Pierre Bouillon per le sue regie teatrali e di Opera. Si tratta di supporti alti una cinquantina di centimetri sui quali vengono disposte una dozzina di candele, e uno specchio su un lato che funge da riflettore. Tutte le sequenze "candela" dei suoi film da quel momento in poi sono state illuminate così, senza mai usare luce elettrica, col solo fuoco delle fiamme.

Questa esigenza d'illuminazione con la fiamma mi è piaciuta da subito: certamente non facile da realizzare nei piani più larghi, ma l'atmosfera e l'energia che queste candele sprigionano sulla scena pone tutta la troupe su un livello di attenzione speciale, e permette agli attori una concentrazione molto particolare.

Per ragioni di budget ridotto *Toutes les nuits* non si può girare in 35mm, gireremo allora in super 16 prevedendo un ingrandimento in 35mm per le copie della sala. Le riprese iniziano il 9 agosto 1999 per una prima sessione di 6 settimane tra Parigi, la Normandia, e Villeneuve Lez Avignon, nel sud della Francia; poi una seconda sessione di una settimana si svolgerà a Parigi a novembre, essendo Eugène impegnato nella regia del *Mithridate* di Racine, la sua ultima messa in scena teatrale. Sempre per ragioni di budget non sarà purtroppo possibile girare le sequenze previste a Roma.

L'11 agosto, il terzo giorno di riprese, siamo in esterni a Parigi, nel giardino del Louxembourg; verso le 11 de mattino tutti quanti si fermano ad osservare quella che sarà l ultima eclisse totale del sole del XX° secolo: noi approfittiamo della camera per filmare l'evento, il sole nella mezza luna, la notte in pieno giorno, un'immagine che Eugène sceglierà per l'inizio del film.

Questa prima esperienza di cinema con Eugène è stata per me molto forte, ed emozionante, prima di tutto perché si trattava del mio primo lungometraggio come direttore della fotografia, ma anche per via del nostro incontro, della collaborazione, la complicità e l'affinità che si è subito creata tra noi. *Toutes les nuits* proponeva uno sguardo singolare, forte, senza compromessi, lo sguardo di un "giovane" cineasta che non aveva ancora alcuna esperienza concreta di cosa fosse la costruzione di un film ma non aveva paura di rimettere in gioco le leggi del cinema e della direzione degli attori. Non avendo neanche io alcuna esperienza

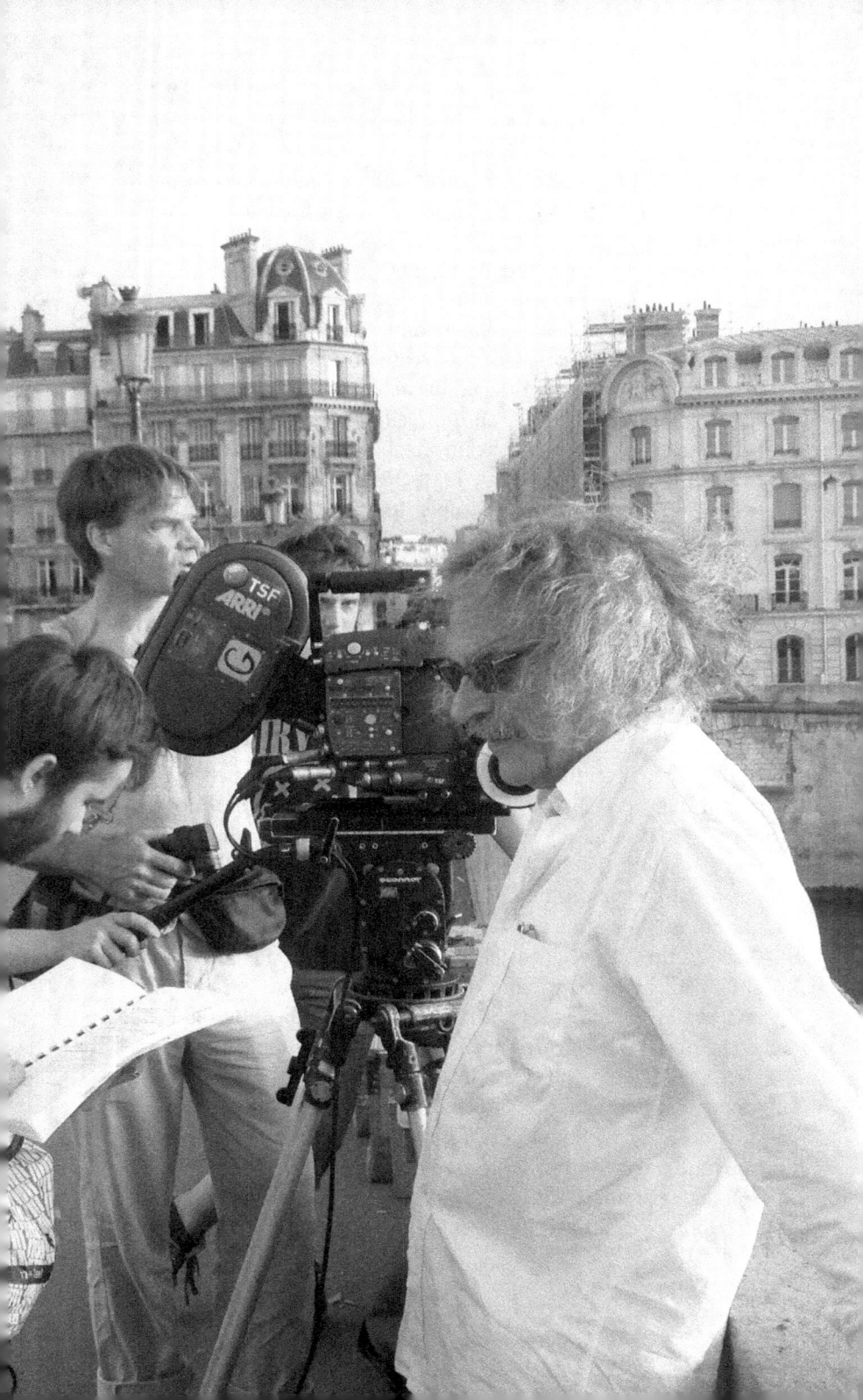

di riprese di finzione, in quanto direttore della fotografia non ho avuto alcuna remora ad accettare le proposte a volte assurde di Eugène, come quegli "sguardi in macchina" degli attori che mi sembravano abbastanza naturali. Questo film si è fatto con la nostra propria inesperienza e la nostra libertà. Da quel momento ho curato l'immagine di tutti i suoi film, una grande complicità è nata tra noi, ed è una gioia immensa per me partecipare, anno dopo anno, all'elaborazione di quest'opera cinematografica.

Il lavoro di illuminazione e di inquadratura si è sempre svolto, per me, in modo molto naturale, istintivo. Avendo già svolto un découpage in fase di sceneggiatura, si tratta di rendere visibile, di materializzare i piani negli spazi in cui gireremo. Non ho mai avuto con Eugène discussioni sui riferimenti ad immagini pittoriche, fotografiche o cinematografiche, ho sempre lavorato in modo libero, rispettando al massimo le indicazioni di sceneggiatura, con i limiti che mi impongono la situazione o la scenografia.

In preparazione, dopo un primo sopralluogo, seguendo le indicazioni del testo cerchiamo di pianificare nello spazio le inquadrature previste, per anticipare i problemi che potremmo incontrare, e le attrezzature di cui abbiamo bisogno. In fase di ripresa, per quello che riguarda la luce, Eugène mi lascia totalmente libero: in generale "compongo" la luce, e se c'è bisogno ci consultiamo per ottenere effetti particolari.

Il cinema di Eugène possiede qualcosa di minimalista, di spoglio, l'ho capito subito nel suo rapporto con la scenografia. Molto spesso svuota al massimo l'immagine, e non vuole ingombrare l'inquadratura con troppi elementi, lavora per sottrazione e questo rende il lavoro sulla luce molto delicato, perché bisogna giocare con pochi elementi per costruire l'immagine, e trovarvi un equilibrio.

Un'altra difficoltà che si presenta – sempre – sono le sequenze di dialogo girate in esterno. Ci sono sequenze con dialoghi molto lunghi tra due o più personaggi, e bisogna cambiare i piani su ognuno di loro per tutto il dialogo.

Eugène Green e Raphaël O'Byrne sul Pont Royal,
durante le riprese de Le Fils de Joseph

Eugène vuole che nel montaggio finale la camera sia sul personaggio che parla (noi filmiamo la Parola), è raro che ci sia un piano "d'ascolto", e questo ci obbliga a riprendere ogni dialogo su tutti i personaggi, con diverse ottiche. A volte per questioni pratiche siamo spesso obbligati a girare queste situazioni senza rispettare la continuità dello spazio, cosa che non è sempre facile per gli attori; ma la difficoltà per me è di riuscire a mantenere un'unità luminosa in tutte le inquadrature, problema ricorrente negli esterni, ma ancora più delicato con Eugène perché le sue sequenze hanno tempi di ripresa molto lunghi, a volte una mezza giornata, ed il sole non ci aspetta, per non parlare delle nuvole che vanno e vengono.

I fondi per i film di Eugène sono stati sempre molto ridotti, da sempre: progetti difficili da comporre finanziariamente, produzioni fragili, riprese spesso ridotte è la ragione per cui abbiamo girato *Toutes les nuits* in 16mm. Anche *Le monde vivant* e *Le Pont des Arts*, con mio grande dispiacere, sono in super 16. Si incontrano molti problemi in laboratorio quando si riporta tutto in 35mm... gli unici film che siamo riusciti a girare in 35 sono stati *Les Signes* e *La religieuse portuguaise*. La prima esperienza digitale è stata *Correspondances* nel 2007 e ultimamente *La Sapienza* e *Faire la Parole*.

Eugène è uno strenuo difensore della pellicola, il supporto dell'immagine è un problema che sta alla base, ed è stato difficile per lui accettare la scelta del digitale, ma ancora una volta, per questioni di budget, non si poteva fare altrimenti. Questo attaccamento alla pellicola è essenziale per lui, e anche se la parola resta al cuore del suo lavoro, il rapporto con la materia, con la luce e con l'energia catturate dalla pellicola, non ha meno importanza. La pellicola ci dona un'"avventura sensoriale".

Nonostante la scomparsa diffusa della pellicola, con l'arrivo del digitale, speriamo di avere ancora l'occasione di "bruciarne" un po' sui suoi prossimi progetti.

"Energia" è una parola che torna spesso con Eugène, l'energia interiore degli attori, della parola, della luce; questa energia nascosta, questa "luce interiore" di cui parla in *Poetique du cinéma-tographe*, e che il cinema può rivelare, credo che ognuno la porti in sé, e che si inscriva in un processo di ricerca personale. E se la nostra collaborazione è tanto complementare, se non abbiamo bisogno di lunghe conversazioni per capirci, se c è un'intesa naturale, evidente, tra di noi, è perché in un modo o nell'altro noi condividiamo questa "luce interiore".

Provo quindi, col mio lavoro, con i miei mezzi e con quello che abbiamo a disposizione, di servire il suo sguardo di materializzarlo e di rendere, per quanto si possa fare, visibile l'invisibile...

Raphaël O'Byrne e un direttore della fotografia francese nato nel 1966. Impara il mestiere sul campo e lavora a lungo come documentarista per la televisione. Come direttore della fotografia si occupa di documentari e spettacoli teatrali; e, al cinema, lavora principalmente con Eugène Green.

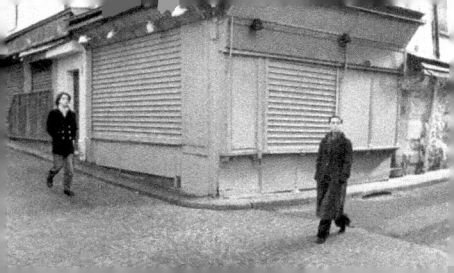

Appendice

Il dialogo con la nuova generazione di cineasti
Incontro con Eugène Green e Gaël de Fournas

Gaël de Fournas, trentenne ex-allievo di Eugène Green all'ESAV, l'École Supérieure d'Audiovisuel, ha seguito di persona l'ultima parte della conversazione contenuta in questo libro. Eugène l'aveva invitato a raggiungerci qualche ora prima: i due sono amici da tempo, e Gaël è stato autore di un documentario-intervista sul lavoro di Green, prodotto da Didier Jacob in occasione dell'uscita de Le Fils de Joseph. *Recentemente, è stato anche protagonista di un cortometraggio realizzato da Green per un film collettivo sul poeta basco Joseba Sarrionandia, e assistente alla regia in* En attendant les Barbares. *Al momento, Gaël ha dei progetti in lettura al CNC, e sta per avviare il suo primo lungometraggio. Quello che segue è l'estratto di una conversazione che si è sviluppata tra noi in modo spontaneo. Il valore di questo incontro, al di là del carattere personale, è in alcuni argomenti toccati, tra cui il rapporto di Eugène con la nuova generazione di cineasti francesi, di cui Gaël fa parte, e il ruolo che ha oggi Green nel panorama francese.*

Federico Francioni *Gaël, a proposito di* Poétique du cinématographe, *mi hai detto che questo libro per molti studenti è stato una sorta di 'manifesto", un modo per avvicinarsi a un cinema più spirituale...*

Gaël de Fournas Anche se non ne abbiamo mai parlato in modo esplicito tra di noi, molti ragazzi che erano ancora nelle scuole di cinema si sono ritrovati effettivamente a seguire il lavoro di Eugène. E questo già a partire dal suo teatro: alcuni hanno raccolto molto dai suoi anni di ricerca sul barocco, un'eredità preziosa che adesso si comincia a rivalutare. Penso, per esempio, a Louise Moaty o a Benjamin Lazar. E molti sono ancora in contatto diretto con lui. Clément Cogitore, Sébastien Betbeder, Hugo Rousselin... sono tanti i giovani cineasti che Eugène ha incontrato nelle scuole di cinema. E così capita che molti giovani autori lo citino nelle loro opere: per esempio, *Le monde vivant* è citato in uno degli ultimi film di Sébastien Betbeder, che era a Cannes nel 2013.

FF *È così, Eugène?*

Eugène Green Non so. Conosco molti giovani con cui riesco ad avere un buon rapporto, e questo mi rende già molto felice. Quando sono un po' depresso, mi aiuta a rimettermi in marcia. Il problema è che se veramente questi ragazzi seguiranno una strada come la mia, finiranno certamente per farsi del male, per scontrarsi contro gli stessi problemi che affronto io. E sono problemi molto pesanti, molto scoraggianti. Se si va, anche solo vagamente, in questa direzione, si è respinti. O, peggio, bisogna nascondere che la propria ricerca cinematografica è una ricerca spirituale, bisogna mascherarsi, e questo è molto triste.

GdF Quando ero a Tolosa, per i miei studi, c'era un cinema d'essai gestito da un collettivo di ragazzi, "Utopia". Frequentavo spesso questo cinema, e l'unica volta che ho sentito applaudire senza la presenza del regista è stato con *La religieuse portuguaise*. Ti assicuro, non lo dico perché Eugène è un amico. Se le persone hanno applaudito è perché è un film che ha riempito un vuoto, in quel momento. Che ha risposto a una questione profonda, della cui esistenza forse non c'era neanche una precisa consapevolezza.

EG Però si trattava di persone che avevano già fatto lo sforzo di andare in una sala d'essai, e di vedere un film "strano". Fortunatamente ci sono ancora persone così, forse sono la maggioranza, almeno in Francia. Ma, al momento, i miei film non vengono visti da molti. Poco tempo fa, ad Auch, a una proiezione de *La religieuse portuguaise*, ho incontrato Jean Douchet, importante critico di cinema degli anni '60, a cui è piaciuto molto. E mi ha detto una cosa che mi ha commosso: "Se lei riuscisse a far arrivare le persone in sala, per loro sarebbe una grande emozione". Il problema è, appunto, portarli in sala. Per quanto riguarda il mio rapporto con le giovani generazioni non saprei... vedremo tra dieci anni...

GdF Ma è già così. Sébastien Betbeder è già nel circuito. Clément Cogitore ha girato tre cortometraggi importanti e adesso ha realizzato il suo primo lungometraggio, preso a Cannes... Non si tratta di un fantasma, ma di un contesto che inizia a esistere. Ed è costituito da persone che gravitano intorno a Eugène. Potrebbe succedere in Francia qualcosa di simile a quello che è accaduto in Germania negli anni Duemila: una nuova ondata di autori Penso a Hochhausler, a Heisenberg, ad Angela Schanelec. Adesso in Francia gli autori sono molto isolati. C'è Eugène, c'è Bruno Dumont... Ma ognuno fa il proprio percorso. Dopo la Nouvelle Vague, storicamente, ci sono stati soltanto registi isolati. Per esempio Pialat...

EG Sì, però direi che, anche nel periodo della Nouvelle Vague, i migliori registi erano isolati, non facevano parte del movimento. Per me l'unico regista che ha mantenuto veramente intatto il suo cinema è stato Rohmer. E per me sono stati importanti anche Pialat, Bresson e qualcosa di Cavalier. Tutti hanno lavorato nello stesso periodo della Nouvelle Vague, ma isolatamente: ognuno ha seguito il suo cammino. Questo a volte mi tira un po' su di morale, perché forse in Francia è così che devono andare le cose. L'attenzione è sempre focalizzata verso tendenze create volontariamente, come la Nouvelle Vague, che è stata presentata come un'icona. Altre volte sono i media a creare le mode. Recentemente in Francia si è parlato, come nuova tendenza, dei giovani registi trentenni. Non mi permetto di giudicare, perché tra questi cineasti ci sono degli autori interessanti, ma non so se veramente possano costituire un gruppo...

FF *Lei non crede molto nei movimenti, nei gruppi...*

EG No, credo nei legami umani. Mi piace conoscere altri cineasti, altri artisti, con i quali si hanno delle cose in comune. E con i quali non necessariamente si costituisce un gruppo. Mi piace discutere con gli altri. Serve a chiarirsi delle cose. Non so se questo succeda sempre quando si costituisce un gruppo... Che è una cosa che in Francia è sempre successa, a partire dalla Plèiade del XVI secolo, poi i Surrealisti, la Nouvelle Vague... È sempre stato così. È un modo di occupare uno spazio e avere visibilità. Spesso nei gruppi ci sono persone con molto talento, ma se si esaminano i gruppi del passato si vede che non tutti erano allo stesso livello. Sto lavorando su Pessoa ultimamente, e ho rivisto chi erano gli autori della sua rivista *Orfeu*: Pessoa ricorre due o tre volte, con i suoi eteronimi; poi c'erano Màrio de Sa-Carneiro, suo amico, poeta importante, e Almada-Negreiros, più famoso come pittore che come scrittore. Gli altri – in tutto dodici persone – sono stati completamente dimenticati. Ma all'epoca si presentavano come una "scuola".

GdF Da un punto di vista empirico, mi trovo d'accordo con Eugène su un punto. L'avant-garde parigina, l'ultimo grande movimento, era fatta da gente che condivideva lo stesso quartiere, quando non lo stesso appartamento. Avevano delle affinità, si conoscevano tutti. È questo che ha creato l'avanguardia a Parigi, anche se penso che nessuno si rendesse conto di essere avanguardia, ma soltanto parte di un ambiente. Se sono apparsi in quel momento lì, è perché il loro tempo aveva necessità di questo.

EG Però spesso sono gli accademici a creare dei nomi per queste cose. Prima abbiamo parlato di Bruno Dumont, che credo sia il più importante cineasta della mia generazione – è più giovane, ma ha iniziato quando ho iniziato io. Apprezzo molto il suo cinema, e penso che anche a lui piacciano i miei film. Ci siamo incontrati qualche volta, ma non siamo veramente amici, non ci frequentiamo. Però credo che se, tra molti anni, qualche accademico facesse un'analisi del cinema francese d'inizio secolo, potremmo essere inseriti nello stesso "gruppo". Si troverebbero dei legami.

FF *Che cosa ne pensa dei dodici dimenticati della rivista di Pessoa? Capita spesso di imbattersi in artisti che non sono riusciti a entrare nella storia, ma che forse avevano cose importanti da trasmettere...*

EG Penso che quello che dici sia vero, che ci sono state molte persone rimaste sconosciute, che invece avevano qualcosa da donare. E penso che per saper donare non basti avere qualcosa dentro, bisogna anche trovare il modo di portarlo alla luce, in senso platonico, di farlo nascere. L'anima non basta. L'ispirazione, la volontà, una certa qualità interiore non bastano. Spesso cerco di scrivere su quest'argomento, ma non riesco mai a farlo. Mi ha sempre colpito il fatto che in Europa la poesia sia nata due volte. Una volta nella Grecia antica, e un'altra nel Medioevo, con le *Chanson de Geste* e con i trovatori. I greci la chiamavano *poiesis*, dal verbo *poiein*, che vuol dire "fare"; nell'occidente romano, in latino, si chiamava *Troubar*, "trovare". Penso che per fare arte c'è bisogno di entrambe le cose: trovare e fare. C'è bisogno di quanto troviamo in noi stessi, in modo naturale o per via della grazia, e del fare. Attraverso il lavoro bisogna giungere a un'opera compiuta; non bisognerebbe fare come il pittore de l'*Œuvre* di Zola, che finisce per suicidarsi davanti alla tela sulla quale ha lavorato per gran parte della vita; o il pittore del *Capolavoro sconosciuto* di Balzac, che inizia a fare un quadro e poi lo ricopre di correzioni fino a lasciare, della composizione iniziale, solo un piede.
Io penso che questo succede a chi non cerca abbastanza questa "luce". Io mi dico sempre che ci sono due possibilità: se non l'hai cercata, non hai sofferto; e se non l'hai ricevuta, non hai trovato. C'è uno di questi due aspetti della creazione che è venuto a mancare. Io mi interesso molto di questa "disperazione". E penso che

la mia vita non è stata molto facile, ma mi ritengo una persona molto felice, perché non sono mai caduto in una disperazione profonda. Ho sempre trovato qualcosa che mi ha rimesso in piedi, oppure ho ricevuto una luce. Forse per questo mi reputo felice. Però per le persone che non hanno questa possibilità è molto triste, e spesso molto tragico, perché sono delle persone che hanno qualcosa in loro, e dovrebbero avere la possibilità di creare. Spesso è qualcosa di bello e importante. Ma questa cosa finisce per non succedere...

GdF Come hai vissuto il cammino che ti ha portato fin qui?

EG Ne abbiamo parlato in questi giorni, con Federico. Per alcuni, come ad esempio i miei genitori, ho sprecato la mia vita. Per loro nella vita bisogna guadagnare dei soldi, conoscere i piaceri, le gioie della famiglia, fare figli, trasmettere la vita ad altri, per far sì che continui. Rispetto molto questa idea. Se non ci fosse chi fa questo, l'umanità scomparirebbe. Ma per me non è possibile fare contemporaneamente il mio lavoro artistico e una vita così, "normale". Ho rinunciato a quel tipo di vita. Una volta si pensava che tutto il mondo non dovesse vivere allo stesso modo, che ci fossero i destini e le scelte. C'erano le persone normali, di diverse categorie sociali, con un lavoro, una normale attività quotidiana, una famiglia, e poi c'erano i monaci, i cavalieri, gli artisti che vivevano in modo diverso. Oggi non ci sono più monaci, e neanche cavalieri, e si pensa che gli artisti debbano vivere come tutti gli altri... Se dovesse succedere, meglio, ma non credo che sia possibile.

FF *Oggi ho l'impressione che sia molto facile sentirsi disperati in Europa, perché siamo arrivati a un punto in cui sembra sia successo qualcosa di irreparabile. Al di là della crisi economica, c'è prima di tutto una crisi culturale*

Gdf Io sono ottimista su questo. Per me la sfida più grande degli europei, degli artisti europei, è quella di riappropriarsi della propria cultura. Oggi i cineasti americani utilizzano la cultura europea, l'hanno piegata ai fini commerciali. E l'unica cosa che gli europei sono in grado di fare è di sognare il cinema americano, perché è diventato l'unico modello di successo. Il cinema ci mostra oggi un volto abbastanza mediocre; ma per i giovani artisti può essere utile avere attorno mediocrità, mette voglia di fare cose migliori. Mette veramente voglia di fare cinema. Se tutto fosse risolto, non ci sarebbe niente per cui lottare.

EG Penso che oggi, effettivamente, non si possa arrivare a creare che attraverso un grande sforzo, accettando di essere quello che i benpensanti definiscono "controcorrente". Non si accarezza la società nel verso del pelo. In Francia, di tutti i film prodotti in un anno, se ne salvano forse tre. È una macchina in continuo movimento, che fabbrica dei prodotti barbari, senza alcun interesse. Il solo momento in cui mi dispero è quando vedo che è quasi impossibile che vengano finanziate opere di valore. Ogni anno ci sono almeno una decina di progetti più che interessanti che non riescono ad arrivare fino in fondo. Bisogna avere molte energie ed entusiasmo per battersi. Per i giovani questo è meno difficile. Alla mia età, a volte porta a una certa stanchezza...

FF *Eppure, dopo il suo primo film,* Toutes les nuits, *ha potuto girare con una certa regolarità, almeno fino a* Le Pont des Arts...

EG In un primo tempo non si rendevano bene conto di chi ero. Non cercavo affatto di nascondermi, ma c'è stata una piccola infatuazione dopo *Toutes les nuits*, un film che è stato difficilissimo fare, e che è uscito due anni dopo le riprese. Ho rilasciato molte interviste a riviste importanti di cinema e quotidiani nazionali. Poi ho girato un film nel 2002, *Le monde vivant*, e *Le Pont des Arts* nel 2004... È successo tutto molto in fretta. Però, malgrado un certo successo di *Le Pont des Arts*, sono poi passato di moda, perché ci si è resi conto del lato spirituale dei miei film – e non mi hanno perdonato la parte satirica, che si scagliava direttamente contro un certo ambiente parigino. Così, tutto ad

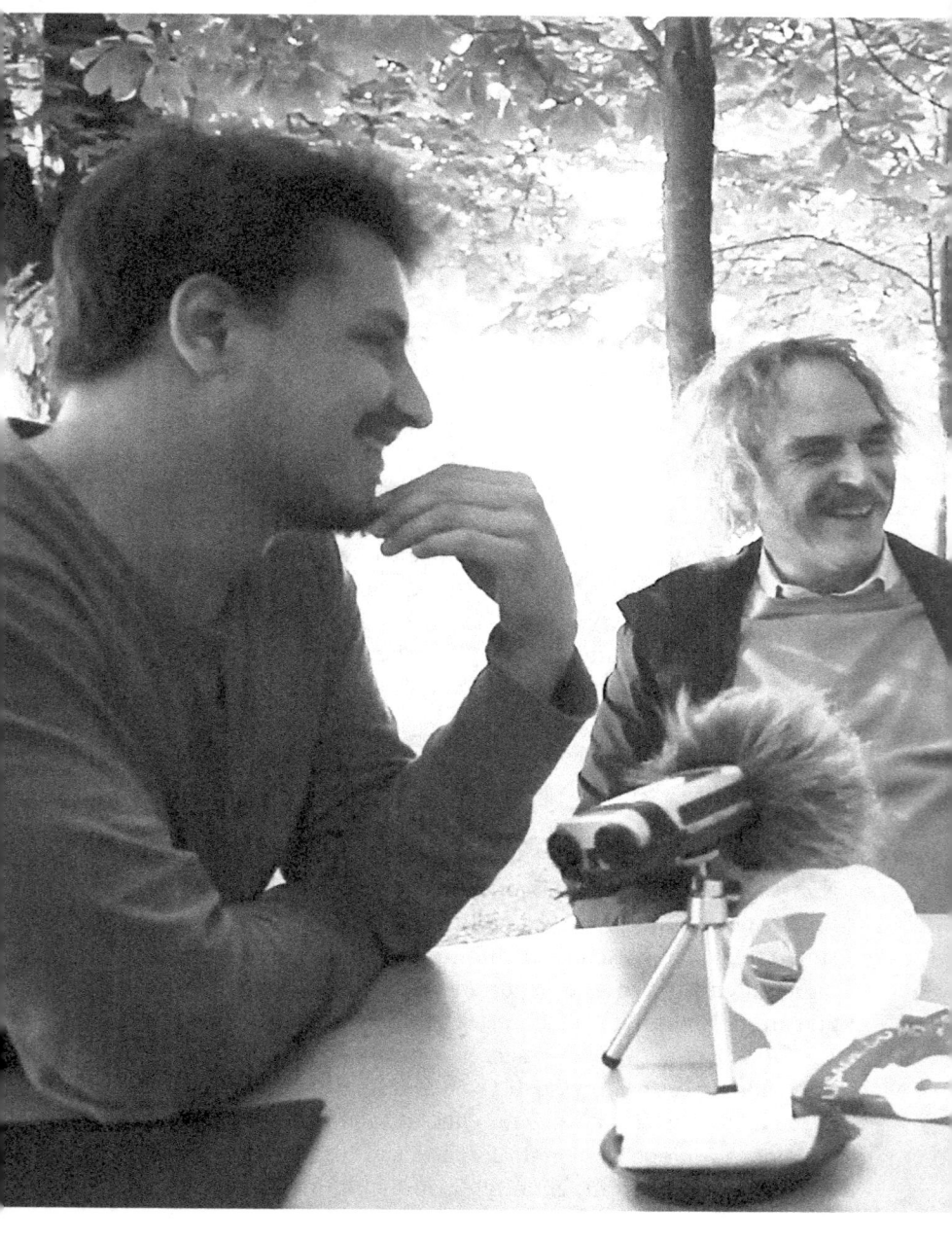

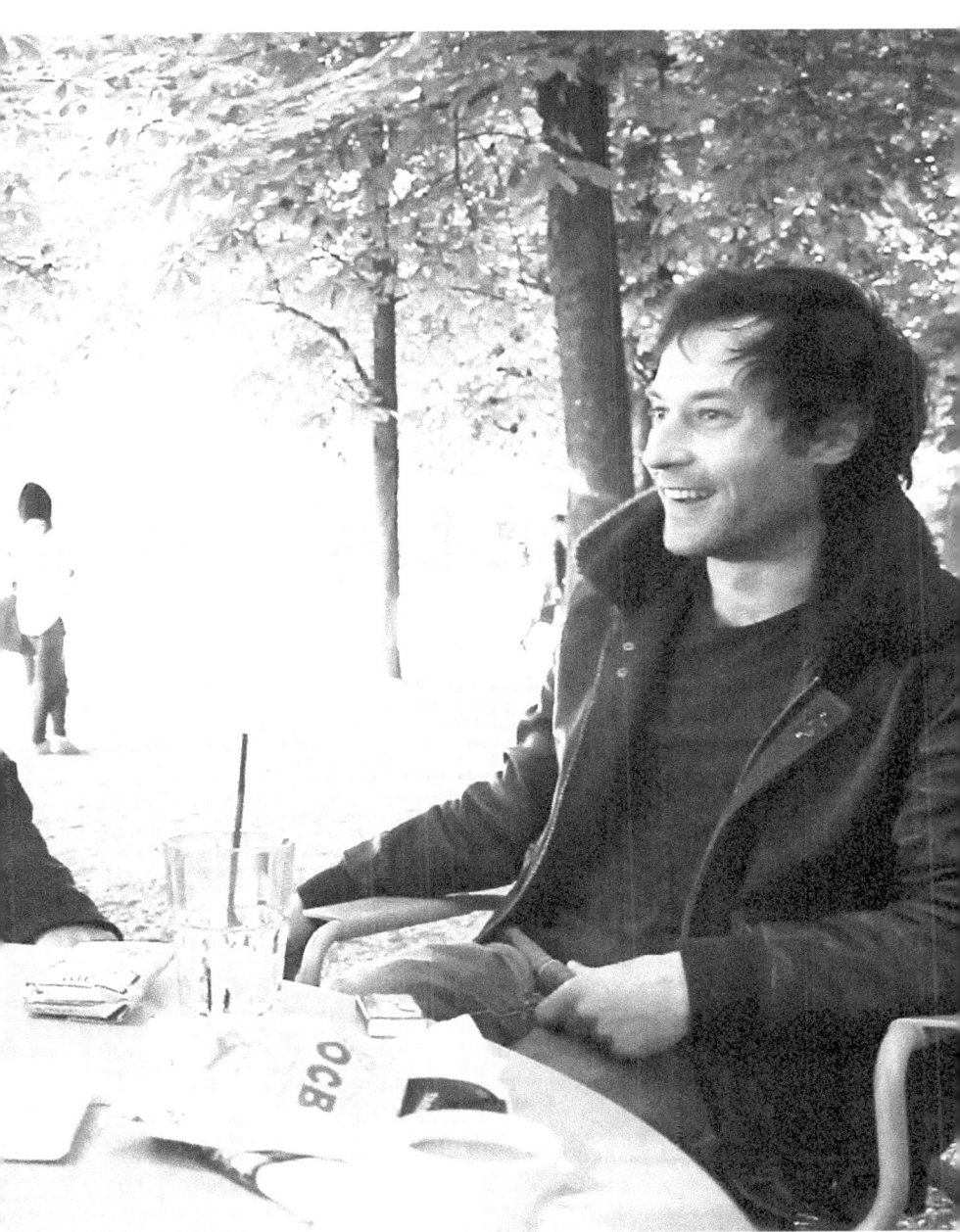

Eugène Green con Federico Francioni, a sinistra, e Gaël de Fournas

un tratto, sono diventato un personaggio "diabolico", in relazione alla "religione" ufficiale francese. Nel 2008 sono riuscito a girare un altro lungometraggio, *La religieuse portuguaise*, ma soltanto grazie al Portogallo. È stato finanziato all'80 % da loro. Per realizzare *La Sapienza*, ho dovuto aspettare cinque anni, e si è trattato di una coproduzione franco-italiana, soprattutto italiana. Ho l'impressione che in Francia le porte si siano in parte chiuse, e credo di incontrare adesso gli stessi problemi che ho avuto in precedenza con il mio lavoro teatrale, che ha subito un violento rigetto all'epoca.

FF *Pensa si tratti di avversione verso una ricerca di tipo spirituale?*

GdF Le persone sono sempre meno sensibili al reale. Lo vediamo tutti i giorni: persone con le cuffie, che guardano il telefonino in continuazione. Vivono in una bolla di finzione, già prefabbricata, pre-lavorata. Questo è un problema che non è mai esistito nelle società che ci hanno preceduto. È qualcosa di veramente nuovo. Le persone, secondo me, avranno bisogno di tornare alla materia; alla realtà. Perché hanno bisogno di spiritualità. La spiritualità, nella storia dell'umanità, non è mai stata così assente come oggi. E questo è completamente contro natura. Forse non la si troverà più nelle chiese. Può sembrare triste, ma credo sia inevitabile. Penso ci sarà una nuova forma di spiritualità, veicolata dall'arte. Solo così la spiritualità potrà affrancarsi del tutto dai cattivi ricordi legati alla religione, che hanno portato a quel tipo di "antipatia" che oggi, in Francia, fa anche sì che un cinema come quello di Eugène venga ingiustamente rifiutato. Capisco le persone che hanno un'avversione profonda per la religione, perché è diventata qualcosa di molto chiuso... Ci sono dei cantici idioti, preghiere ridicole. La grande maggioranza delle cerimonie religiose in Francia sono completamente vuote di senso. Trovo molta più spiritualità in un film di Apichatpong Weerasethakul, che nel 95% delle preghiere che si possono sentire nelle celebrazioni cattoliche.

EG Sono d'accordo. Credo, però, che non si possa raggiungere una spiritualità al di fuori di una tradizione spirituale. Bisogna far rinascere la nostra tradizione attraverso esperienze concrete. Alcuni lo fanno. Ci sono delle tradizioni, ad esempio nel sud dell'Italia, o in Sardegna, delle forme di canti liturgici che sono popolari, cose che non sono mai scomparse. Eppure la chiesa preme per rimpiazzarle con dei canti moderni, idioti. Dicono che saranno questi a far capire alle persone... Ma secondo me è il contrario. E poi c'è la questione della finzione. Da quando esiste la cultura, la finzione è il miglior mezzo di mostrare la realtà alle persone, di renderle coscienti, attraverso la sua componente spirituale. Ma oggi c'è un'allergia alla finzione, perché le persone vivono in permanenza dentro una finzione. Non hanno alcun rapporto con la realtà, col mondo reale. E quando vedono una vera opera d'arte, una finzione con una presenza reale, c'è una sorta di rigetto. Sembra che la capacità interiore sia andata perduta, o sia comunque latente. Credo sia fondamentale far rinascere la nostra cultura. Ma se si dice questo, si viene accusati dai "benpensanti" di essere "reazionari". Lo vedono come un ritorno al passato. Penso sia invece l'unica speranza per evitare che, nell'arco di due generazioni, le persone diventino come delle meduse... Materia flaccida e gelatinosa.

FF *Ieri ha fatto riferimento a problemi avuti riguardo alla parte satirica di* Le Pont des Arts...

EG Sì, sono legati a questo discorso. In Francia ci sono ancora molti soldi per il cinema, rispetto agli altri paesi europei, e vengono assegnati da persone che appartengono alla cultura "ufficiale". Ne *Le Pont des Arts* c'è della satira contro la cultura ufficiale e questo ha creato delle resistenze... Un tipo di reazione che ho potuto sperimentare anche in campo letterario, visto che il mio ultimo romanzo pubblicato con Gallimard, *Les Atticistes*, è anch'esso una satira sulla cultura francese della seconda metà del XX secolo. Il titolo fa riferimento al fatto che, in Francia, i benpensanti dicono che ci sono due tipi di cultura,

una progressista e una tradizionale: se si adotta il punto di vista di una delle due, ci si fanno dei nemici dall'altra parte.
La tesi degli "atticisti", i classicisti, è invece che queste due culture
si incontrano e in fondo sono la stessa cosa. Nel romanzo, mi
diverto a prendere un po' in giro l'"atticismo", questa forma di
pensiero sorta in Francia nel XVIII secolo, che oggi paralizza la
cultura. Non credo sia un caso: ambedue i manoscritti che ho
presentato a Gallimard, dopo l'uscita di Les Atticistes, sono stati
respinti. E Gallimard, la casa editrice più prestigiosa di Francia,
mi aveva già pubblicato tre romanzi ed era stata molto felice
di avermi trovato. Ho rivissuto, in campo letterario, quello che
mi era successo con Le Pont des Arts... Forse la satira non è la
cosa migliore da fare per chi vuole trovare sostegno finanziario
in Francia. Gallimard è un'impresa privata, ma le persone che
compongono il suo comitato di lettura rappresentano la cultura
ufficiale al più alto grado.

FF *Una soluzione a questa difficoltà di ottenere finanziamenti
potrebbe essere un cinema più essenziale, e quindi anche più
libero?*

GdF No. Credo che questo sia un modo pericoloso di pensare.
Non vedo perché il cinema d'autore dovrebbe piegarsi a una
soluzione del genere. Sarebbe come dire che è stato sconfitto,
e che non ha diritto a mezzi adeguati. Oggi, è vero, è possibile
fare film con budget bassissimi, ma questo non vuol dire che gli
autori non debbano avere il diritto di lavorare con mezzi appro-
priati. Ci sono troppe persone che vivono in condizioni di pre-
carietà estrema per questo, e non parlo soltanto degli autori. Per
me non c'è alcuna ragione per decidere di girare a basso costo, di
nascosto, non confrontandosi col sistema; facendo film che non
escono al cinema, e senza pagare chi vi lavora.

EG Non potrei dirlo meglio di come lo ha detto Gaël. E secondo
me un altro nemico del cinema, molto importante, è la "coscienza pulita". Da una parte si dice che quelli che vengono definiti

cineasti "radicali" (ma veramente non so cosa significhi questa parola, non capisco perché chi ha un progetto artistico debba essere definito radicale) possono cavarsela col digitale, con le 5D, girando film di finzione come se fossero documentari... Per chi lo afferma, è un modo di pulirsi la coscienza. Dall'altra, che i film finanziati devono esprimere dei buoni sentimenti. Io non ho niente in contrario, se si tratta di film che hanno una qualità artistica. Ma nella maggior parte dei casi si tratta di film neo-barbari, o meglio, che hanno assorbito le modalità degli "audiovisivi" barbari, e che sono intrisi di buoni sentimenti. Quindi puliscono la coscienza di chi li finanzia, e del pubblico che va a vederli.

GdF Alla fine quello che emerge è che oggi la cosa più importante, di fronte ai finanziatori, è il soggetto. È l'unica cosa che porta soldi. Ma in un film il soggetto è veramente la cosa meno importante. Bruno Dumont parla spesso di questo; dice che bisogna attribuire pochissima importanza al soggetto, e per questo, nello scrivere un soggetto, ricorre spesso all'impressionismo. Quello che conta di un film è come lo si fa. Ma il "come", oggi, è qualcosa che non interessa più a nessuno. Eugène, per esempio, spesso è giudicato non per la qualità delle sue opere, ma per il soggetto che tratta. Ed è qui che oggi la critica sbaglia. Perché sempre più si fa del soggetto una priorità. Non si parla più del percorso artistico, se non a volte, in casi rari di artisti riconosciuti, come appunto Bruno Dumont.

EG È proprio così: l'aspetto artistico è stato espulso dalla valutazione del film.

FF *Come si è arrivati a questo?*

EG È una questione politica. Nel senso che oggi la maggior parte dei paesi europei si proclamano "democrazie", ma questa parola è svuotata di senso. Non c'è più alcun pensiero politico, e gli Stati sono retti da persone che arrivano a farsi eleggere ma il cui vero potere deriva dai soldi o dall'appartenenza familiare. Oggi si vive in società apparentemente "egualitarie", dove sembra che tutti abbiano le stesse possibilità, ma non è vero. E tutti quelli che hanno potere dalla nascita si sentono obbligati a giustificare questo potere attraverso la propria "virtù". È diventato un valore di borsa, quotato. Se si ha la virtù, si può avere il potere. A parte qualche eccezione, a esercitare potere in campo culturale non sono persone colte. Sono spesso persone che hanno fatto l' ENA, l'École Nationale d'Administration, in Francia si chiamano gli "Enars", come Hollande e tutti i suoi ministri e collaboratori. Persone che hanno imparato a gestire dei dossier, e che, quando affrontano problemi culturali, lo fanno come se si trattasse di questioni aziendali. Il solo criterio che trovano, per il quale sentono che la loro scelta non potrà essere contestata, è fare scelte "virtuose". Quindi, in campo cinematografico, scelgono in base al soggetto, e alla sua "virtuosità".

FF *Per tornare al problema dei finanziamenti, so che alcune scene de* La Sapienza *sono state girate a Parigi in circostanze abbastanza particolari, ieri Gaël mi raccontava di come si sono svolte le riprese.*

GdF Gli ho raccontato di quando ci siamo ritrovati in tre, io, tu e Raphaël, per le riprese a Parigi de *La Sapienza*. E questo mi ha fatto pensare a un aneddoto che riguarda Rohmer. Un giorno passeggiava per le strade di Parigi con un operatore, un microfonista e due attori, le persone che passavano gli chiedevano che cosa stesse facendo, e lui rispondeva: "Sto girando un film".

EG Sì, quella parte delle riprese è stata un po' speciale. È il primo quarto d'ora del film, che si svolge a Parigi. Per ragioni finanziarie, per un'intera settimana non abbiamo potuto girare con attori e una vera e propria squadra. Così le scene di finzione, in interno, che dovevano svolgersi a Parigi le abbiamo girate a Torino. Mentre, per gli esterni, abbiamo recuperato un giorno di riprese a Parigi. È il primo film che sono stato obbligato a girare in digitale, contrariamente a quanto previsto. Abbiamo usato una camera, l'Alexa, forse la migliore tra le digitali, che può montare obiettivi cinematografici. Ma per le riprese parigine, che non erano nel budget, e che i produttori non volevano finanziare, anche se poi le hanno riconosciute necessarie, abbiamo dovuto trovare il modo più economico. Alla fine qualcuno ci ha proposto questa specie di scatola, non sapevamo neanche come accenderla, una camera che si chiama "magica nera".

GdF Una Blackmagic, per gli altri...

EG Sì. E ci siamo ritrovati in tre: io; Raphaël e Gaël, che faceva l'assistente, allo stesso tempo, alla regia e alla fotografia. Abbiamo fatto un giorno di riprese a Parigi. Ed effettivamente, se avessi incrociato un conoscente gli avrei detto che stavamo girando un film. Era una giornata di riprese: un lungometraggio di finzione.

Gdf Se le persone sapessero che abbiamo ottenuto di salire sul tetto di un prefabbricato in cambio di un po' di caramelle...

EG Volevamo girare nel 13° arrondissement, dove c'era un cantiere molto interessante, per le immagini di architettura che ci servivano. E per avere il migliore angolo possibile dovevamo salire sul tetto di un prefabbricato... Alla fine Gaël è andato a parlare con gli operai, col loro capo... E loro sono stati molto gentili: hanno scambiato la possibilità di girare lassù con delle caramelle... È stato molto più facile che negoziare col Vicariato, per girare nelle chiese di Roma. Lì non chiedevano caramelle, è stata dura!

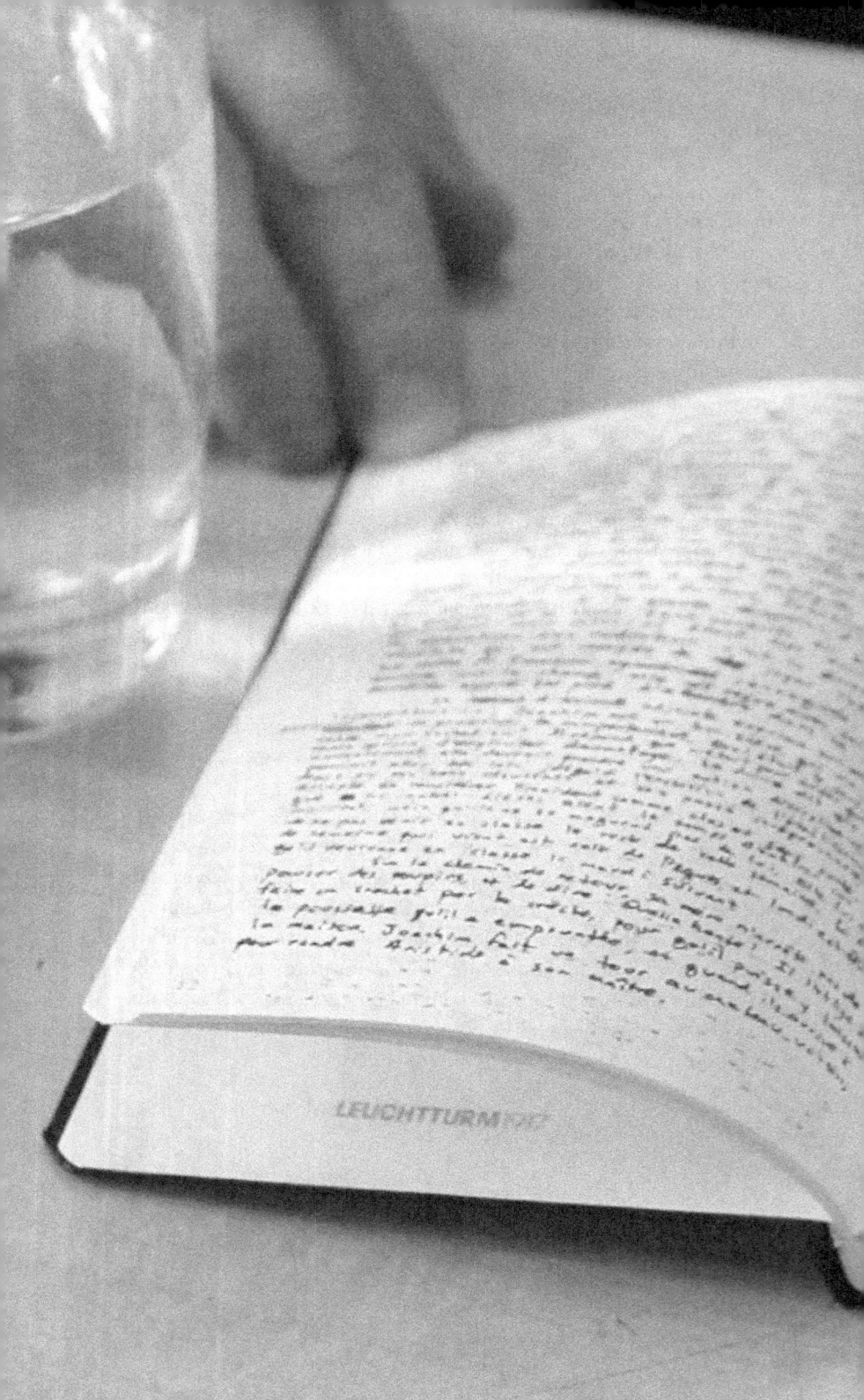

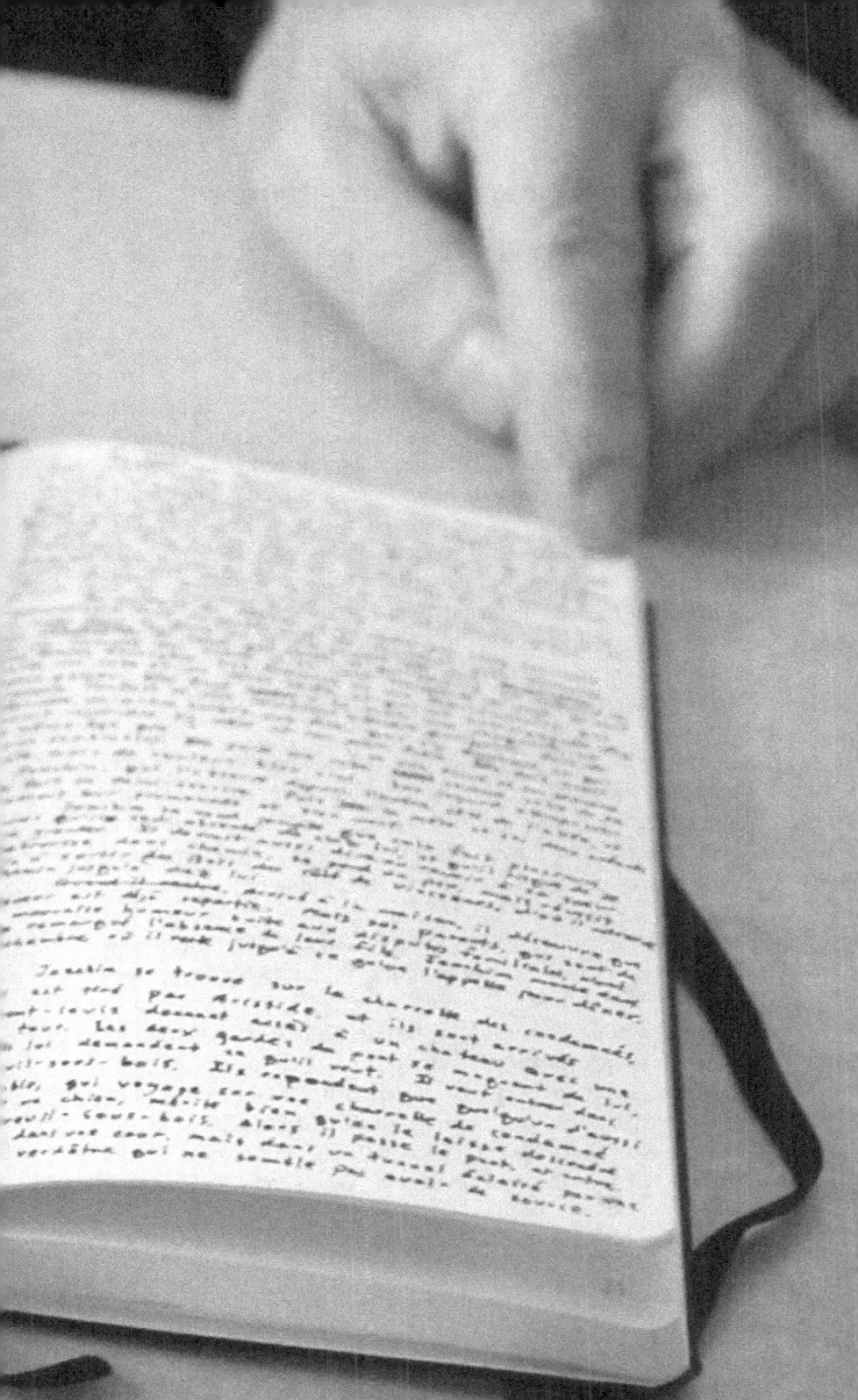

Poetica del cinematografo - L'amore[1]

Platone dice che l'amore è una specie di follia che ci permette di vedere le Idee attraverso il desiderio che provocano in noi le loro ombre: attraverso i corpi cerchiamo di unirci allo spirito. Anche il cineasta è preso da una specie di follia quando si mette a captare gli elementi del mondo. Ma questo furore gli permette di rendere afferrabile la serenità della presenza reale.

Il desiderio è la via dell'amore, ma non è l'amore stesso: il desiderio spinge al possesso, che porta poi all'annientamento. L'amore è rinuncia e levitazione. Quando l'amore raggiunge il più grande distacco diventa carità.

La carità è la qualità essenziale dei santi. Nei nostri giorni la santità è uno stato mal visto, e vigorosamente combattuto, da genitori, educatori, e psicoanalisti. Ogni essere, però, senza ribellarsi a questi baluardi della virtù, può raggiungere a piccoli momenti la carità. Nel cineasta, è un dovere professionale.

«Tutto ciò che non va dritto alla carità è figura» dice Pascal. Il cineasta mostra la realtà sotto la figura, e compie un atto d'amore.

Il cineasta non può rivelare una presenza nascosta che non ha colto lui stesso, grazie alla sua passione. Questo vuol dire che deve essere abitato da desideri molto forti. Ma non può rivelare una presenza senza aver rinunciato a possederla, altrimenti non finirà che per mostrare l'aspetto visibile che ha provocato la sua follia, e l'ombra, che il possesso avrà svelato come irreale.

1. Estratto da *Poétique du cinématographe*, edizioni Actes Sud.

"Un braccialetto sul tuo braccio io sia", dice il *Cantico dei can-tici*, "Un sigillo sul tuo cuore, perché l'Amore è duro come la Morte". Il furore del desiderio cerca di porre sul suo oggetto un segno di possesso; la luce dell'amore libera dal nulla l'amante e ciò che ama. Filmare un essere è desiderarlo, e separarlo dal suo sigillo; mostrare la sua anima è un atto di carità che segna la vittoria della vita sulla certezza della morte.

Contemplando la bellezza del mondo, l'uomo prova un misto di gioia e di terrore, la prima provocata dal suo desiderio di possedere ciò che impara, il secondo dal pensiero della propria scomparsa, che lo priverà definitivamente da ciò che ha impa-rato. Ma se raggiunge, anche temporaneamente, la luce della carità, la sua sensazione si trasforma in esperienza del sacro, che associa anch'esso il terrore e la gioia, ma in un altro modo: il terrore viene dalla paura del desiderio compiuto, con l'inevita-bile annientamento dell'oggetto desiderato, la gioia nasce dalla conoscenza dell'Uno, risultato della rinunica al possesso. L'atto del cinema è un atto di carità, un passaggio dal desiderio all'a-more, dalla frenesia alla serenità, dal profano al sacro; è un atto che il cineasta condivide con lo spettatore, che ne diventa allo stesso tempo l'oggetto e la fonte.

Nel momento in cui, nell'inquadratura cinematografica, il mon-do esteriore è colto in ciò che si ritiene la pienezza della sua realtà, e la presenza è ugualmente manifesta nella sua realtà assoluta, nel momento in cui lo spettatore riceve l'inquadratura come un'epifania, e come un istante di grazia, allora il cineasta, in quanto uomo o donna con una vita incatenata nel tempo sto-rico, cessa di esistere, dissolvendosi nel proprio atto compiuto. È in quel momento che, attraverso un atto d'amore riversato nel cinema, l'artista raggiunge la carità, e conosce l'Uno, ritrovan-dosi con la propria opera, e insieme a colui che la osserva, nel tempo del proprio film che è il presente eterno.

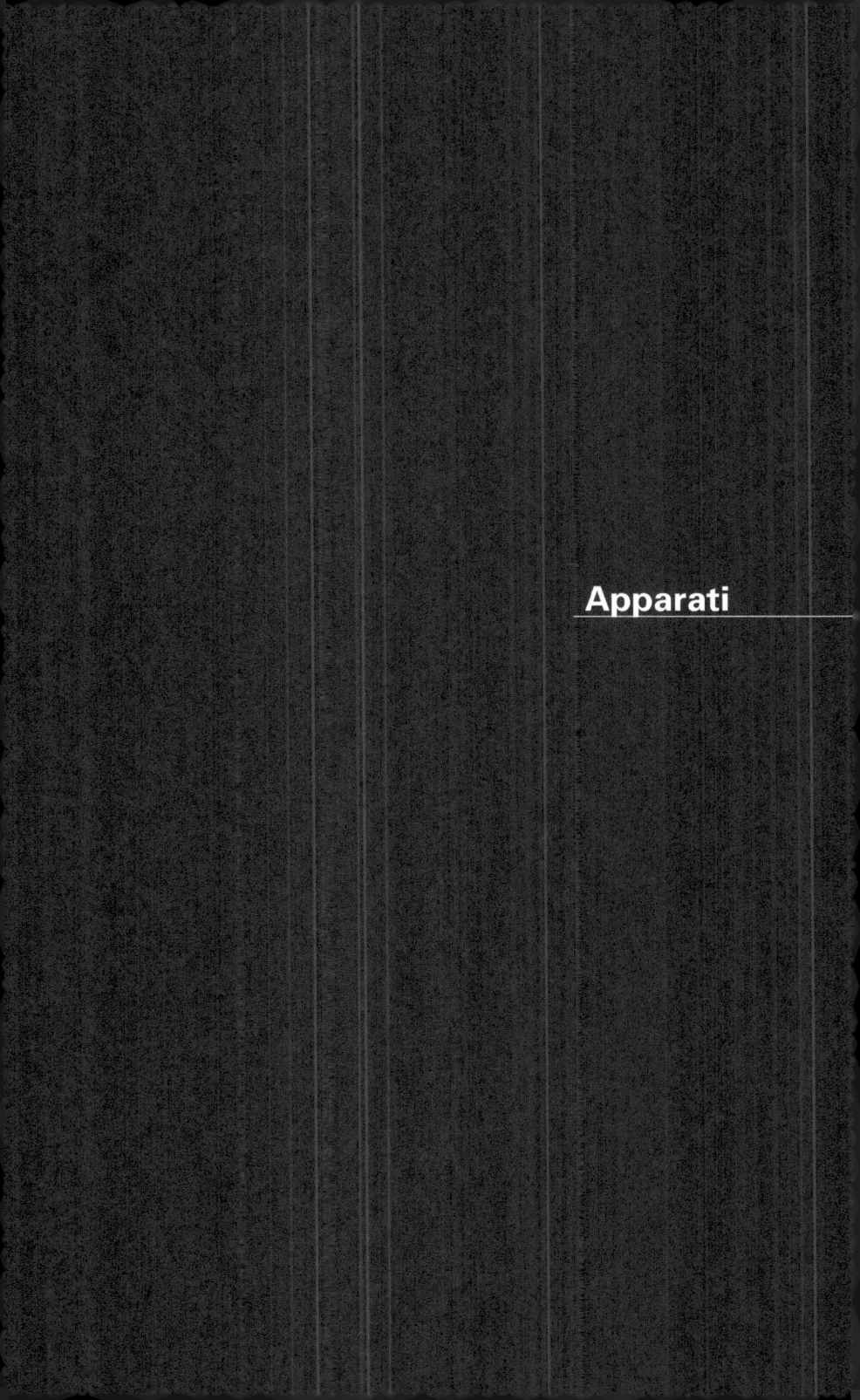

Apparati

Filmografia

2001

Toutes les nuits

Francia; 16 mm; 112'; *sceneggiatura e regia*: Eugène Green; *fotografia*: Raphaël O'Byrne; *musica*: Vincent Dumestre, Le Poème Harmonique; *montaggio*: Emmanuelle Baude; *produzione*: Ellabel Productions; *interpreti*: Christelle Prot, Alexis Loret, Adrien Michaux
Premio Louis Delluc miglior opera prima

Estate 1967. Henry e Jules, amici d'infanzia, trascorrono le loro ultime vacanze insieme. Jules resterà al suo paese, mentre Henry verrà mandato a Parigi. Durante l'autunno che segue, entrambi si innamorano. Henry diviene amante di Emilie Renaud, la moglie del suo insegnante; Jules s'invaghisce di Lucie, giovane attrice di una compagnia di teatro itinerante. La passione di Jules è presto tradita. Henry invece parte con Emilie per New York, dove restano per diversi mesi fino a un'inevitabile separazione. Jules si confida attraverso le lettere al suo amico, seccato. Emilie, toccata dal dolore del giovane, gli risponde, stabilendo una relazione epistolare che non finirà mai. Durante gli anni che seguono, i tre si incrociano, a volte senza neppure riconoscersi

2002

Le nom du feu

Francia; 16 mm; 20'; *sceneggiatura e regia*: Eugène Green; *fotografia*: Raphaël O'Byrne; *montaggio*: Jeanne Moutard; *produzio-*

ne: Le Fresnoy; *interpreti*: Christelle Prot, Alexis Loret
Festival Internazionale del Film di Locarno

Un giovane uomo si fa visitare da una dotteressa, le confida di essere un lupo mannaro e la invita ad assistere alla sua trasformazione. La notte, nei boschi, la metamorfosi ha luogo. Protetta dal fuoco, la terapeuta cerca di convincere il giovane che non ha perduto la sua umanità, perché possiede sempre la parola.

2003

Le monde vivant

Francia; 16 mm; 75'; *sceneggiatura e regia*: Eugène Green; *fotografia*: Raphaël O'Byrne; *montaggio*: Benoit de Clerck, Xiao Xing Cheng; *produzione*: Le Films du Fleuve (Dardenne), Mact Productions; *interpreti*: Christelle Prot, Alexis Loret, Adrien Michaux.
Quinzaine des Réalisateurs del Festival di Cannes; Premio FIPRESCI – Festival di Londra; Premio del Pubblico – Festival di Marsiglia

Un orco, che vive in un castello, tiene prigionieri due bambini che conta un giorno di poter mangiare. Sua moglie è incaricata di tenerli d'occhio e di nutrirli bene. L'orco vorrebbe inoltre ripudiare la donna, per sposare una giovane ragazza che tiene segregata in una cappella. Due cavalieri si mettono in marcia per combatterlo e salvare i bambini: uno incontra un leone sul suo cammino, l'altro no; entrambi indossano dei jeans.

2004

Le Pont des Arts

Francia; 16 mm; 136'; *sceneggiatura e regia*: Eugène Green; *fotografia*: Raphaël O'Byrne; *musica*: Vincent Dumestre, Le Poème Harmonique; *montaggio*: Jean-François Elie; *produzione*: Mact Productions; *interpreti*: Natacha Régnier, Adrien Michaux, Alexis Loret, Denis Podalydès.
Festival Internazionale del Film di Locarno

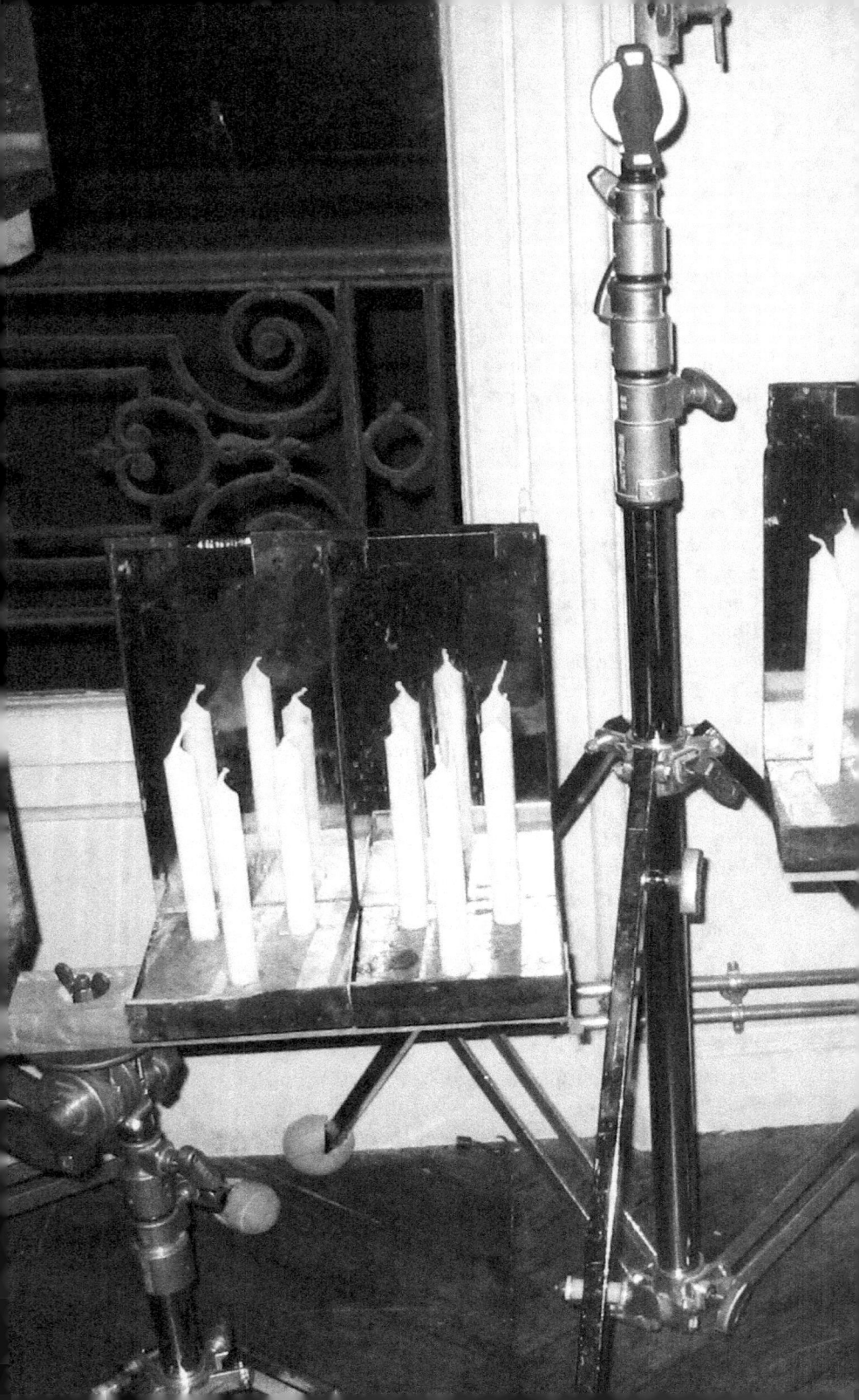

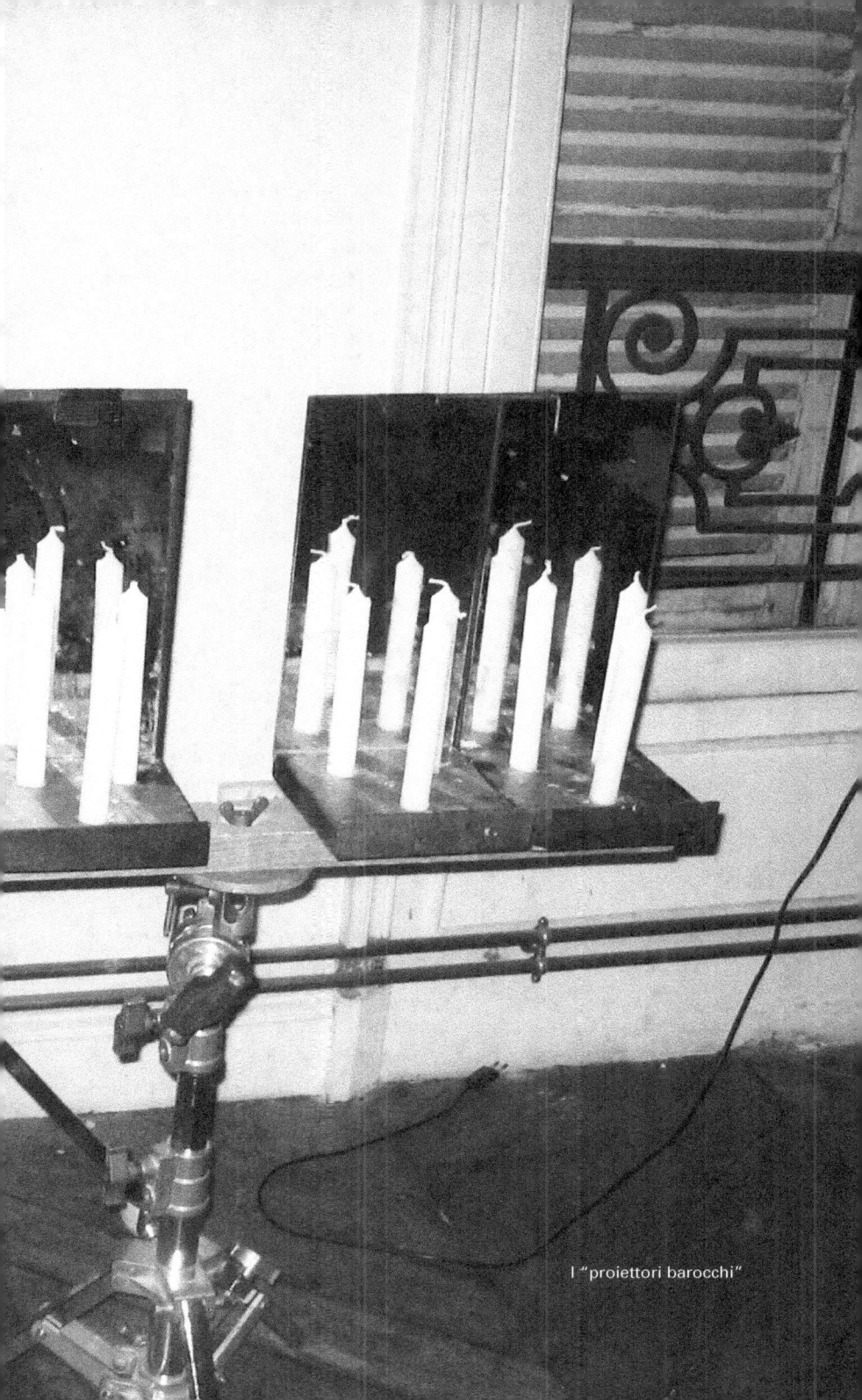

I "proiettori barocchi"

Parigi, 1979 – 1980. Sarah è cantante in un quartetto di musica barocca, e si abbandona con passione alla registrazione del *Lamento della Ninfa*, mentre Pascal, studente, rimanda in modo risoluto il momento di redigere la sua tesi in filosofia. Una storia d'amore impossibile tra due giovani che non si incontreranno mai, toccati allo stesso tempo dal dolore e tenuti insieme dalla musica.

2006

Les Signes
Francia; 35 mm; 32'; *sceneggiatura e regia*: Eugène Green; *fotografia*: Raphaël O'Byrne; *montaggio*: Jean-François Elie; *produzione*: No Film; *interpreti*: Christelle Prot, Mathieu Amalric, Achille Trocellier, Marin Charvet.

Una donna vive da sola con i suoi due figli in una città di mare dei Paesi Baschi. Suo marito, un pescatore, è scomparso misteriosamente e lei lo sta aspettando da dieci anni. Un giorno suo figlio decide di iniziare la ricerca del padre, e un pescatore sconosciuto gli pone delle domande. Ogni notte, la donna accende una candela alla finestra, come segno dell'attesa.

2007

Correspondances (parte del progetto collettivo *Memories*, commissionato dal Festival di Jeonju, e realizzato da Eugène Green, Pedro Costa e Harun Farocki)
Francia; Digitale; 37'; *sceneggiatura e Regia*: Eugène Green; *fotografia*: Raphaël O'Byrne; *montaggio*: Fabrice Rouaud; *produzione*: Mact Productions, Jeonju International Film Festival; *con*: François Rivière, Delphine Hecquet, Christelle Prot, Clément Cogitore.
Festival Internazionale del Film di Locarno – Premio speciale della giuria; Jeonju International Film Festival.

Virgile e Blanche, diciassettenni, si scambiano mail l'uno con l'altra dalle rispettive camere da letto. Il ragazzo ha visto Blanche soltanto una volta, ma si è innamorato perdutamente di lei. Attraverso le mail, lentamente, la relazione acquista un valore profondo e spirituale.

2009

La religieuse portuguaise (*A Religiosa Portuguesa*)
Francia, Portogallo; 35 mm; 127'; *sceneggiatura e regia*: Eugène Green; *fotografia*: Raphaël O'Byrne; *musica*: Aldina Duarte, Camané; *montaggio*: Valérie Loiseleux; *produzione*: Mact Productions, O Som e a Fùria; *interpreti*: Leonor Baldaque, Adrien Michaux, Diogo Dòria, Aldina Duarte, Camané.
Festival Internazionale del Film di Locarno; *CPH PIX*; *Rotterdam Film Festival*; *Festival di Londra* (*BFI*); *Festival internazionale di Hong Kong*.

Julie, un'attrice francese che parla il portoghese, si precipita a Lisbona per le riprese di un film ispirate al testo delle *Lettere Portoghesi*. Lei interpreta una religiosa del 17° secolo che si innamora di un giovane ufficiale francese. Durante le sue avventure nella città, un giovane orfano la intenerisce; un distinto gentiluomo, afflitto dal rimorso per la compromissione di suo padre col regime di Salazar, la seduce; una religiosa, che trascorre le sue notti a pregare in una modesta cappella, la affascina. Julie vive anche una breve relazione con l'attore che l'affianca nel film. Attraverso i suoi incontri, cerca dare una nuova direzione alla sua vita.

2014

La Sapienza
Francia, Italia; Digitale; 102'; *sceneggiatura e regia*: Eugène Green; *fotografia*: Raphaël O'Byrne; *montaggio*: Valérie Loiseleux; *produzione*: Mact Productions, La Sarraz Pictures; *interpreti*: Fa-

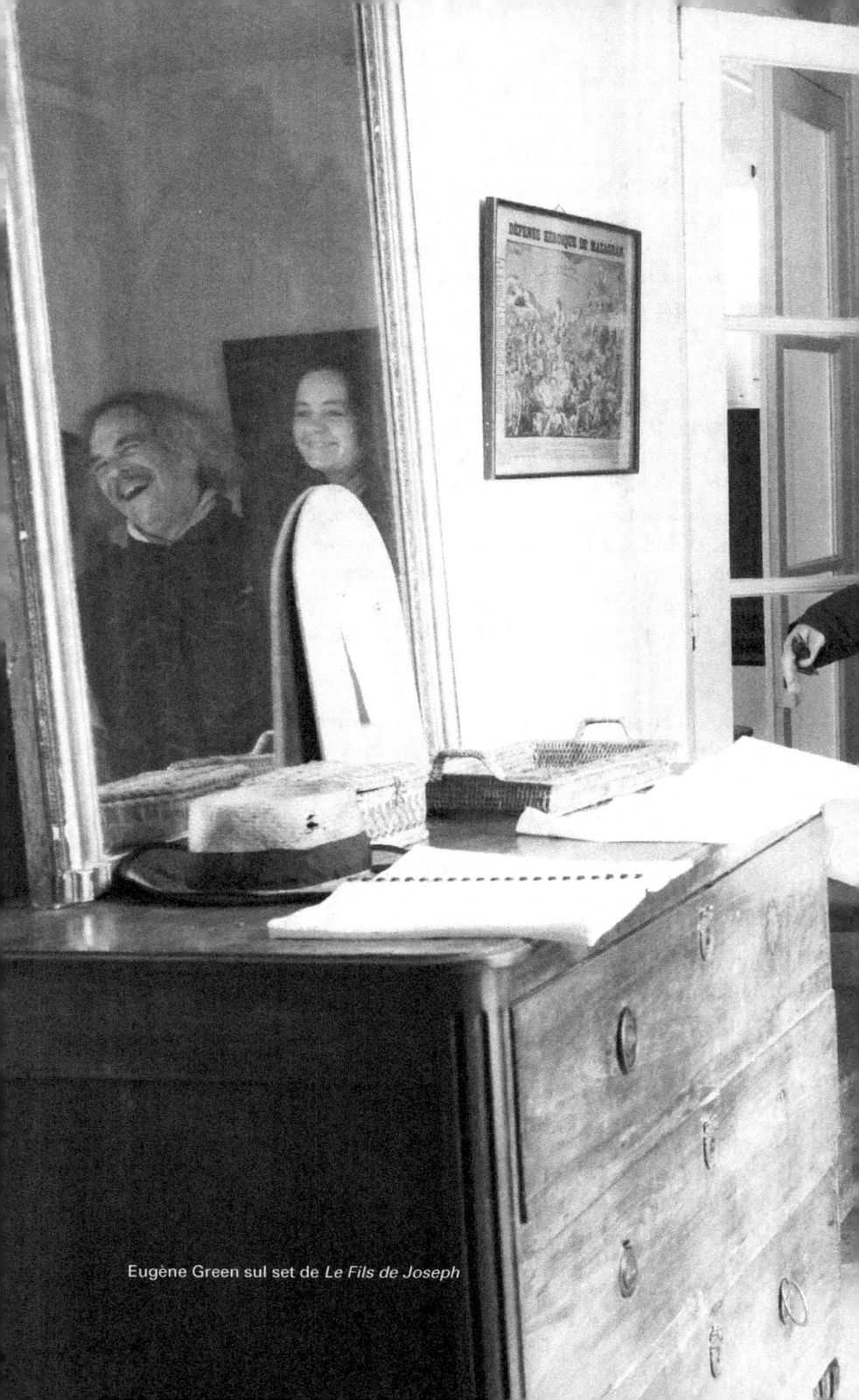

Eugène Green sul set de *Le Fils de Joseph*

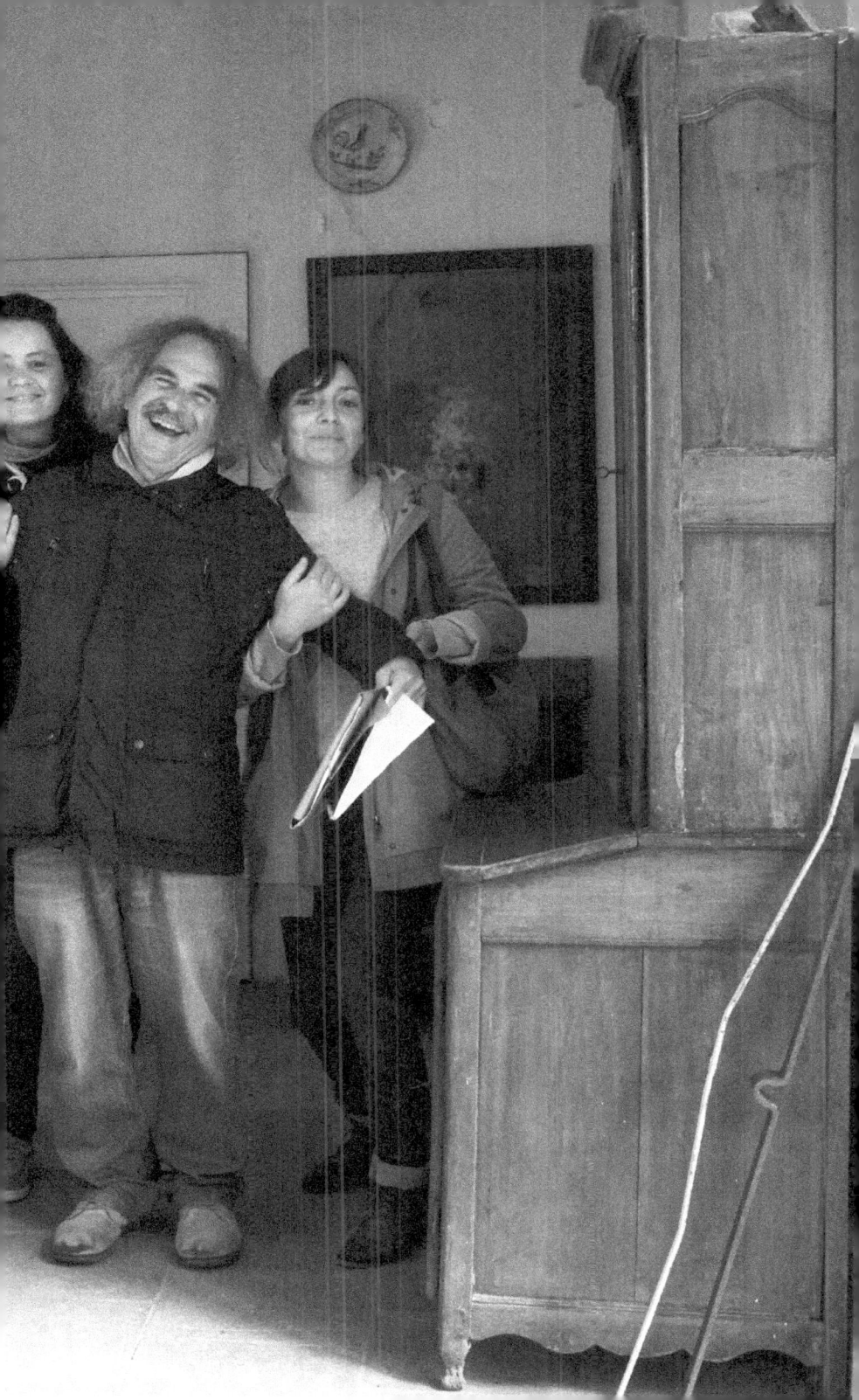

brizio Rongione, Christelle Prot, Ludovico Succio, Arianna Nastro. *Festival Internazionale del Film di Locarno; Festival internazionale di Hong Kong; Vienne Film Festival; Festival di Londra (BFI); Festival del nuovo cinema, Montréal; Festival internazionale di Rio De Janeiro; Torino Film Festival 2015*

A 50 anni, Alexandre ha alle sue spalle una brillante carriera d'architetto. In preda ai dubbi sul senso del proprio lavoro e del proprio matrimonio, parte in Italia accompagnato da sua moglie, col progetto di scrivere un testo a cui pensa da molto tempo sull'architetto barocco Francesco Borromini. Arrivato a Stresa, sulle rive del Lago Maggiore, incontra due giovani fratello e sorella, che daranno un altro senso a questa fuga in Italia.

2015

Faire la Parole
Francia; Digitale; 116'; *sceneggiatura e regia*: Eugène Green; *fotografia*: Raphaël O'Byrne; *montaggio*: Laurence Larre; *produzione*: Le Films de l'air; *interpreti*: Aitor Etchechuri, Ana Imaz, Ortzi Berra, Ugaitz Aguirre.
Cinema du Réel 2016; Torino Film Festival 2016

Il tempo di un'estate, Aitor, Ana, Ortzi, giovani cresciuti nei Paesi Baschi francesi, espongono la loro visione del mondo. Partendo dalle proprie origini e da ciò che è loro familiare, scoprono progessivamente nuovi luoghi e aspetti della propria cultura. Guidati da figure letterarie o artistiche dei Paesi Baschi, o da compagni di passaggio, viaggiano attraverso le sette province dei Paesi Baschi, tra il nord e il sud.

2016

Le Fils de Joseph
Francia; 35 mm; 115'; *sceneggiatura e regia*: Eugène Green; *fotografia*: Raphaël O'Byrne; *montaggio*: Valérie Loiseleux; *produ-*

zione: Le Films du Losange; *interpreti*: Victor Ezenfis, Natacha Régnier, Fabrizio Rongione, Mathieu Amalric.
Forum – Berlinale 2016; Festival internazionale di Hong Kong; Jeonju Film Festival; Karlovy Vary Film Festival; Festival nuovo cinema, Montréal; Festival internazionale di Rio De Janeiro; IndieLisboa; Festival di New York.

Vincent è un adolescente allevato con amore da sua madre Marie, anche se lei si è sempre rifiutata di rivelargli il nome del padre. Vincent scopre che si tratta di un editore parigino egoista e cinico, Oscar Pormenor. Il ragazzo mette a punto un piano violento di vendetta, ma il suo incontro con Joseph, un uomo dalla vita marginale, cambierà la sua vita, e quella di sua madre.

2017

En attendant les barbares
Francia; Digitale; 75'; *sceneggiatura e regia*: Eugène Green; *fotografia*: Raphaël O'Byrne; *montaggio*: Laurence Larre; *produzione*: Chantiers Nomades; *interpreti:* Fitzgerald Berthon, Hélène Gratet, Arnaud Vrech, Chloé Chevalier, Ugo Broussot, Anne-Sophie Bailly, Fréderic Schulz Richard, Clément Durand, Roman Kané, Marine Chesnais, François Lebas.
Torino Film Festival 2017

Nella notte, sei persone bussano alla porta di una casa dove abitano un mago e una maga, chiedendo ospitalità, visto che sulle "reti sociali" si annuncia l'arrivo imminente dei barbari. La coppia accetta, a condizione che i supplicanti abbandonino all'ingresso i loro telefoni. Nel corso di una notte iniziatica, imparano a riappropriarsi del loro presente, e a vivere il loro destino.

2017 (in lavorazione)

Preso egon denaren gogoa (parte di un film collettivo sul poeta basco Joseba Sarrionandia)

Francia; Digitale; cortometraggio; *sceneggiatura e regia*: Eugène Green; *fotografia*: Raphaël O'Byrne; *produzione*: Hibai Castro, Adabaki Ekoizpenak; *interpreti*: Delphine Hecquet, Gaël De Fournas, Quentin Papapietro.

Comment Fernando Pessoa sauva le Portugal (*Como Fernando Pessoa Salvou Portugal*)
Francia; 35mm; mediometraggio; *sceneggiatura e regia*: Eugène Green; *fotografia*: Raphaël O'Byrne; *montaggio*: Valérie Loiseleux; *produzione*: Noodles Productions, O Som e a Fúria; *interpreti:* Carloto Cotta, Manuel Mozos, Mia Tomé, Diogo Dória.

2018 (in preparazione)

Atarrabi et Mikelats (Titolo provvisorio)

Scritti di Eugène Green

Saggi

La Parole Baroque, 2001, editore : Desclée de Brouwer
Présences : Essai sur la nature du cinéma, 2003, editore : Desclée de Brouwer
Poétique du cinématographe : notes, 2009, editore : Actes Sud
L'ami du chevalier de pas : portrait subjectif de Fernando Pessoa, 2015, editore : Diabase
La leçon basque, 2017, editore : Slatkine & Compagnie

Romanzi e racconti

La Rue des Canettes : cinq contes, 2003, editore : Melville
La Reconstruction, 2008, editore : Actes Sud
La Bataille de Roncevaux, 2009, editore : Gallimard
La Communauté universelle, 2011, editore : Gallimard
Les Atticistes, 2012, editore : Gallimard
Un conte du Graal, 2014, editore : Diabase
L'Inconstance des démons, 2015, editore : Robert Laffont
Les voix de la nuit, 2017, editore : Robert Laffont
L'enfant de Prague, 2017, editore : Phébus

Poesia

Le Présent de la parole, 2004, editore : Desclée de Brouwer
Le lac de cendres, 2014, editore : Arfuyen

Artdigiland è un'attività editoriale che offre – attraverso editoria e broadcasting – interviste esclusive ad artisti internazionali. E saggi, monografie, biografie, raccolte di materiali. Artdigiland è anche una community web di autori, curatori, videomaker.

Vi invitiamo a sottoscrivere la nostra newsletter per essere informati sulle nuove uscite, sui nostri eventi e sulle offerte riservate ai nostri lettori: http://www.artdigiland.com/newsl

http://artdigiland.com

Per informazioni: www.artdigiland.com
Per contatti: info@artdigiland.com

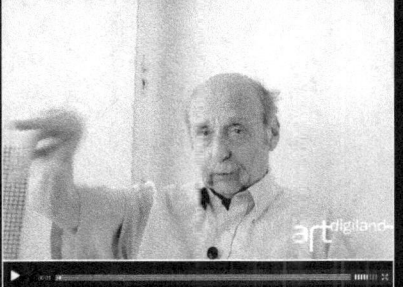

intervista a Marc Scialom
a cura di Silvia Tarquini

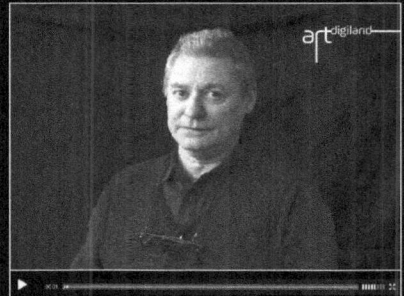

intervista a Fabrizio Crisafulli
a cura di Enzo Cillo

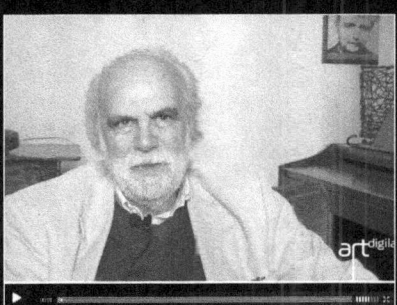

intervista a Beppe Lanci
a cura di Monica Pollini

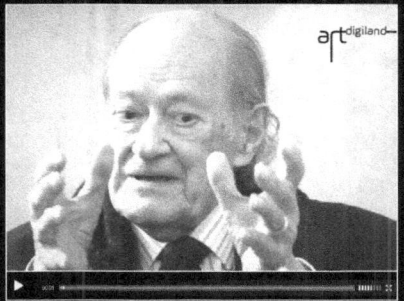

intervista a Ugo Gregoretti
a cura di Vincenzo Valentino

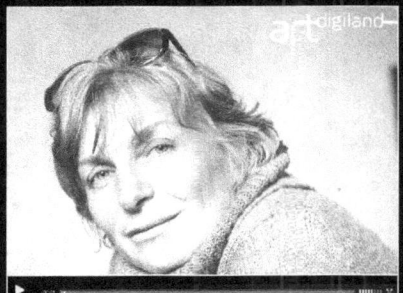

intervista ad Adriana Berselli
a cura di Vittor a C. Caratozzolo

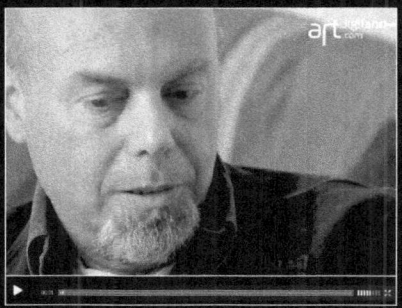

intervista a Luca Bigazzi
a cura di Alberto Spadafora

Artdigiland ha pubblicato in italiano:

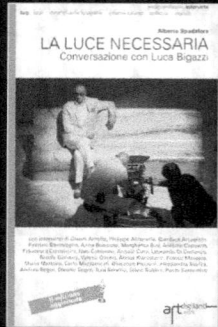

LA LUCE NECESSARIA
Conversazione con Luca Bigazzi
a cura di Alberto Spadafora
prefazione di Silvia Tarquini, 2012 - II ed. agg. 2014

Un libro intervista che "illumina" aspetti non noti delle migliori opere cinematografiche italiane degli ultimi trent'anni. La narrazione di Luca Bigazzi – direttore della fotografia e insieme operatore di macchina – raccoglie con coerenza caratteri tecnici, artistici ed etici del lavoro sul set. Bigazzi racconta la genesi del suo modo di lavorare libero da regole codificate, i motivi delle sue scelte professionali, la luce che ama, le ragioni della sua passione per lo stare in macchina. Come "controcampo", le testimonianze di 24 protagonisti del cinema italiano, tra registi, attori, produttori, fotografi di scena e collaboratori.

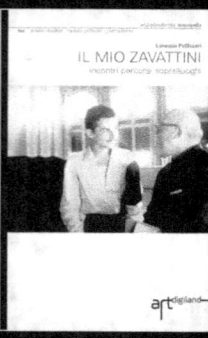

IL MIO ZAVATTINI
Incontri percorsi sopralluoghi
di Lorenzo Pellizzari, 2012

Il libro raccoglie quanto Pellizzari ha scritto e pensato su Zavattini da quando era ragazzo ad oggi, insieme ad una storica intervista, in cui Zavattini si concede forse come mai; documenta un lungo rapporto intellettuale e personale, fatto di infinite riflessioni, desideri, slanci, critiche, pentimenti, ripensamenti; e rivela l'ininterrotto impegno del critico a capire, da una parte, e a "stimolare", quasi, dall'altra, il suo personaggio. Un impegno appassionato e civile, e insieme sedotto dalla qualità giocosa della scrittura zavattiniana.

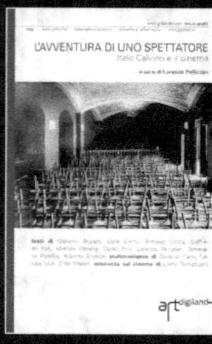

L'AVVENTURA DI UNO SPETTATORE
Italo Calvino e il cinema
a cura di Lorenzo Pellizzari, 2015
con saggi e autori vari

Nel trentennale della scomparsa, Artdigiland celebra Italo Calvino. Il libro ripercorre le poche ma fruttuose relazioni dello scrittore con il cinema italiano ma soprattutto sviluppa il viaggio in un immaginario che dal cinema prende le mosse. Si parte da quanto Calvino racconta nella sua *Autobiografia di uno spettatore*, del '74, prefazione al volume *Fellini: quattro film*, si attraversano racconti, romanzi, saggi critici individuando l'imprinting cinematografico, e si arriva al "segno calviniano" di non poche opere del cinema e del disegno animato contemporanei. L'apparato iconografico rende omaggio alla fascinazione calviniana per il cinema classico, soprattutto americano.

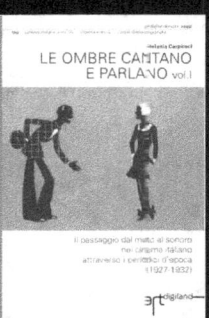

LE OMBRE CANTANO E PARLANO
Il passaggio dal muto al sonoro nel cinema italiano
attraverso i periodici d'epoca (1927-1932)
di Stefania Carpiceci
prefazione di Adriano Aprà, vol. I, 2012

L'intento di questo libro è quello di indagare, in Italia, il passaggio dal cinema silenzioso delle origini ai nuovi fonofilm. A fare da mappa sono soprattutto le riviste e i periodici cinematografici nazionali d'epoca, analizzati a partire dal 1927 – anno della prima proiezione americana de *Il cantante di jazz*, pellicola che notoriamente decreta la nascita ufficiale e internazionale del cinema sonoro – fino al 1932, data di adozione del doppiaggio in Italia. Undici film sono poi scelti e analizzati come casi rappresentativi delle questioni messe in campo dal sonoro.

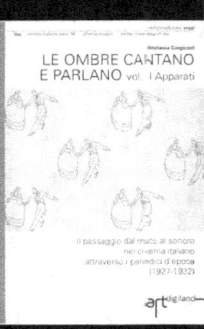

LE OMBRE CANTANO E PARLANO
Il passaggio dal muto al sonoro nel cinema italiano
attraverso i periodici d'epoca (1927-1932)
di Stefania Carpiceci, vol. II Apparati, 2013

Il volume II di *Le ombre cantano e parlano* propone una mappatura ragionata dei maggiori periodici cinematografici dell'epoca: «L'Argante», «Cine-Gazzettino», «Cinema Illustrazione», «Il Cinema Italiano», «Cinema-Teatro», «La Cinematografia», «Il Cine Mio», «L'Eco del Cinema», «Kines», «La Rivista Cinematografica», «Rivista Italiana di Cinetecnica» e «Lo Spettacolo Italiano». Ad essi si aggiungono due riviste teatrali, «Comoedia» e «Il Dramma», e un quotidiano, «Il Tevere», particolarmente attenti al cinema. Le testate sono scandagliate in relazione ai vari aspetti del passaggio del muto al sonoro. Altro osservatorio privilegiato sono naturalmente i film, dei quali si riporta il repertorio.

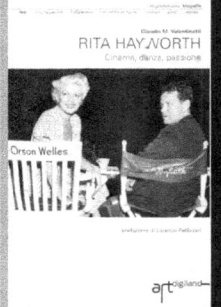

RITA HAYWORTH
Cinema, danza, passione
di Claudio Valentinetti
prefazione di Lorenzo Pellizzari, 2014

Una sterminata filmografia, più di sessanta titoli, anche se pochi sono quelli folgoranti, *Sangue e arena*, *La signora di Shanghai*, *Gilda*. Cinque mariti, tra cui il genio Orson Welles e l'"imam" Ali Khan, e molti grandi partner sul set. Un mito costruito dalla Mecca del Cinema di quegli anni per mano di sapienti produttori e di abili registi: Charles Vidor, Rouben Mamoulian, Howard Hawks, William Dieterle, Henry Hathaway, Raul Walsh e, ovviamente, Welles. Una vita durissima: un lungo lavoro per raggiungere il successo, prima come ballerina, negli spettacoli e nella scuola di flamenco della sua famiglia, i Dancing Cansinos, e poi come

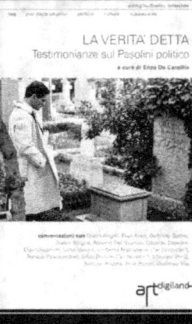

LA VERITÀ DETTA
Testimonianze sul Pasolini politico
a cura di Enzo De Camillis, 2015

Il quarantennale della morte di Pasolini cade in una fase del nostro Paese che in molti definiscono di "catastrofe culturale" (e politica, economica, umanitaria). Ponendosi in relazione con l'oggi, il libro propone una serie di testimonianze inedite sul Pasolini "politico", intellettuale spesso in contrasto con la sinistra ufficiale della sua epoca.

Si avvisano i lettori che il libro è esaurito.

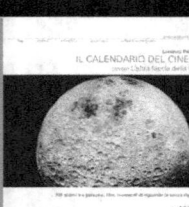

IL CALENDARIO DEL CINEMA
Ovvero L'altra faccia della Luna
365 giorni tra persone, film, momenti di riguardo (e senza riguardo)
di Lorenzo Pellizzari, 2016

Un calendario che si rispetti dedica ognuno dei suoi 365 giorni a un cosiddetto santo o a un memorabile momento della liturgia. Poteva sfuggire alla regola un calendario dedicato all'empireo del cinema, all'Olimpo dei suoi divi e delle sue divine, agli eventi della sua ormai lunga storia? Non poteva. Persone, film, momenti, ripescati dalla memoria di un vecchio critico, con il dovuto riguardo per quanti se lo meritano e senza alcun riguardo per altri. Anche un modo per rievocare incontri personali, amici scomparsi, visioni effimere.

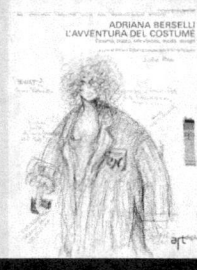

ADRIANA BERSELLI. L'AVVENTURA DEL COSTUME
Cinema, teatro, televisione, moda, design
a cura di Vittoria Caterina Caratozzolo, Silvia Tarquini, prefazione di Steve Della Casa, 2016

Il volume adotta la formula del libro-intervista con l'intento di costruire un ritratto d'artista basato sull'immersione nella sua "fucina" creativa, e di tracciare contestualmente la fisionomia di un mestiere. Dopo l'esordio, giovanissima, con Pabst, negli anni '50, Berselli è al fianco di Blasetti, Risi, Comencini, Vasile, Petroni e Camerini in numerosi film che ritraggono l'evoluzione della società italiana del boom economico. Michelangelo Antonioni le affida i costumi per L'avventura, trasparente capolavoro di analisi sociologica e antropologica. Negli anni '60 Berselli rappresenta la rivoluzione sessantottina e l'affermarsi di nuove tecniche, nuovi tessuti, nuove forme, prima tra tutte quella della minigonna. Nei '70 – ricordiamo, tra le altre, la collaborazione con Polanski per What? –, racconta sottotraccia, attraverso sovrapposizioni di stili e generi, le intemperanze e le frustrazioni di un decennio già carico di fallimenti ideologici e politici. Ma il talento di Adriana Berselli non si limita al cinema. A fine anni '70 ha interrotto per circa un decennio il suo lavoro cinematografico per seguire il marito in Venezuela, paese in cui ha ottenuto premi e riconoscimenti nei campi del teatro e della moda e ha tenuto corsi sul costume in accademie, circoli culturali, università e in programmi televisivi. Tornata poi in Italia, e al cinema e alla televisione, ancora oggi esprime il suo talento disegnando "personaggi di strada".

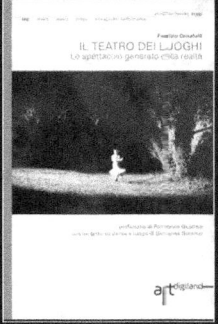

IL TEATRO DEI LUOGHI
Lo spettacolo generato dalla realtà
di Fabrizio Crisafulli
con un testo su danza e luogo di Giovanna Summo, prefazione Raimondo Guarino, 2015

Fabrizio Crisafulli analizza caratteri e modalità di quel particolare tipo di ricerca che ha chiamato "teatro dei luoghi", a oltre vent'anni dalla sua prima formulazione. Un tipo di lavoro nel quale il "luogo" e l'insieme delle relazioni che lo costituiscono vengono assunti come matrice e "testo" della creazione teatrale. Le motivazioni alla base di questa ricerca, il suo riportare l'attenzione sui luoghi, la realtà locale, la crossimità, si sono riaffermate nel corso degli anni per l'accrescersi delle questioni legate allo sviluppo mediatico, alla perdita di contatto della vita quotidiana con i luoghi, e per le criticità che le forme di comunicazione a distanza e i social network creano, accanto a nuove opportunità, sul piano delle relazioni umane e dei modi di sentire lo spazio. Il volume fa definitivamente luce sul fatto che il "teatro dei luoghi", nell'uso comune a volte inteso (e frainteso) semplicemente come teatro che si svolge fuori dagli edifici teatrali, non è definito dallo spazio dove si fa lo spettacolo, ma dall'idea stessa di "luogo" e dal modo specifico in cui il lavoro si relaziona al sito. In qualsiasi posto si svolga. Chiarendo, attraverso riflessioni ed esempi, ragioni e operatività di quello che è un modo radicalmente nuovo di fare e concepire il teatro.

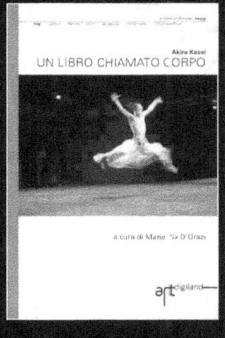

UN LIBRO CHIAMATO CORPO
di Akira Kasai
a cura di Maria Pia D'Orazi, 2016

Le discipline esoteriche insegnano che il corpo non è mai un ostacolo per la piena realizzazione dell'individuo. Al contrario, è il mezzo necessario per la sua elevazione spirituale, perché lo spirito si forma per gradi dopo aver accolto ed elaborato le esperienze del mondo fisico. Ed è attraverso la focalizzazione della percezione sulle sensazioni fisiche che l'essere umano può acquisire consapevolezza della sua identità più profonda: allora, quando mette a tacere l'intelletto e dirige la coscienza sulle sensazioni, riesce a percepire il corpo interiore come un flusso di energia che scorre nell'organismo, sperimentando il contatto con la sua identità di essenza a partire dalla sua identità di forma. Attraverso il contatto con l'Essenza è possibile distinguere i pensieri autenticamente individuali generati dal proprio sé, da quelli provenienti da istinti fisici o abitudini sociali: mentre si entra in un territorio senza limiti dove "io è un altro" e scompare ogni differenza fra individui, generazioni, civiltà o religioni che possa generare una cultura della sopraffazione e della violenza. Allora, la ricerca espressiva diventa qualcosa di più e qualcosa d'altro: è sistema pedagogico e visione dell'uomo nuovo, un modo di trasformare se stessi per trasformare il mondo.

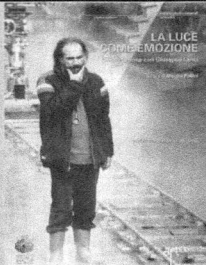

LA LUCE COME EMOZIONE
Conversazione con Giuseppe Lanci
a cura di Monica Pollini, 2017

La voce pacata e l'espressione attenta di Giuseppe Lanci, non di rado accompaganete da sottile e delicato umorismo, condurranno il lettore in un racconto che attraversa, nel vivo del set, oltre cinquant'anni del migliore cinema italiano, e non solo. Dalla formazione al Centro Sperimentale di Cinematografia all'esperienza da operatore di macchina al fianco di Tonino Delli Colli e Franco Di Giacomo, dalle incertezze degli esordi all'immersione nella dimensione unoca del cinema di Andrej Tarkovskji per *Nostalghia*, dai sodalizi artistici con Marco Bellocchio, Paolo e Vittorio Taviani, Nanni Moretti agli incontri con Bolognini, Magni, Wertmüller, Von Trotta, Cavani, Del Monte, Greco, Piscitelli, Archibugi, Lucchetti, Benigni, Franchi... L'arte e il mestiere del creare la luce e l'impatto visivo del film sono resi con dovizia di particolari tecnici ma sempre nell'ambito di un approccio umanistico, e insieme di riflessioni che vanno dai condizionamenti produttivi alle relazioni con gli altri repartidel set e gli attori, fino al tema della "carriera" in generale. L'intervista si sofferma poi sull'ultima passione di Lanci, quella per l'insegnamento e per lo scambio cn i giovani, passione che lo riporta, da docente e coordinatore didattico, al Centro Sperimentale dei suoi inizi. Foto di scena e di set illustrano questo percorso magistrale e testimonianze di registi e colleghi fanno da contrappuntoalla narrazione di uno dei maggiori direttori della fotografia italiani.

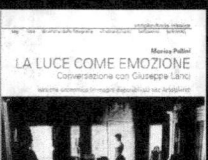

LA LUCE COME EMOZIONE
Conversazione con Giuseppe Lanci
a cura di Monica Pollini, 2017

Del volume *La luce come emozione* è disponibile una versione economica di formato ridotto e senza immagini; le immagini sono disponibili per i nostri lettori sul sito Artdigiland, al link indicato nel libro.

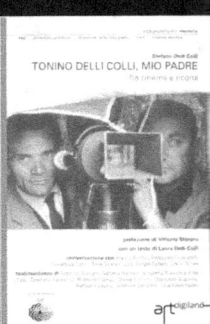

TONINO DELLI COLLI, MIO PADRE
Tra cinema e ricordi
di Stefano Delli Colli,
prefazione di Vittorio Storaro, 2017

Negli 80 anni dalla nascita di Cinecittà, che sono anche
gli 80 anni dall'ingresso di Tonino Delli Colli negli
stabilimenti di via Tuscolana 1055 –, Stefano Delli Colli,
figlio del grande direttore della fotografia, rende omaggio
al padre raccontandone, dal suo personale punto di vista,
l'avventura cinematografica. Dal fervore degli anni '50 alla
grande stagione al fianco di Pier Paolo Pasolini, da Sergio
Leone a Federico Fellini, passando per Monicelli, Annaud,
Polanski, Ferreri e tanti altri grandi registi, il racconto
dell'autore, a tratti commosso, ci restituisce la memoria
della parabola di uno dei "pionieri" della fotografia del
cinema italiano. Un omaggio al suo grande mestiere, al
suo naturale istinto fotografico, alla sua umiltà e umanità.

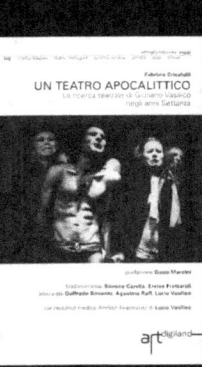

UN TEATRO APOCALITTICO
La ricerca teatrale di Giuliano Vasilicò
negli anni Settanta
di Fabrizio Crisafulli, prefazione di Dacia
Maraini, 2017

Giuliano Vasilicò (1936-2015) è stato un protagonista
del teatro italiano degli anni Settanta del Novecento,
attivo nel particolare contesto delle "cantine romane".
Nelle storie del teatro viene fatto spesso appartenere –
insieme a Mario Ricci, Giancarlo Nanni, Memè Perlini – al
cosiddetto "teatro-immagine". Un'etichetta – dal regista
emiliano mai accettata – che, al di là della capacità che
a suo tempo ha avuto di individuare un fenomeno e
di farlo conoscere, ha poi forse fatto da deterrente alla
conoscenza dei singoli artisti che di quel fenomeno sono
stati parte. Il teatro è stato per Vasilicò un potenziale
mezzo di rivelazione, innanzitutto a se stesso, di
aspetti nascosti dell'esistenza. Da qui il titolo *Un teatro
apocalittico*, visto che *apo-kalýptein* vuol dire togliere il
velo, scoprire. E che l'aggettivo, in accezioni differenti,
è facilmente associabile ad uno dei suoi spettacoli più
importanti, *Le 120 giornate di Sodoma* da Sade, con la
sua ineffabile presentazione del Male in forma di visioni.

FUORINORMA
La via neosperimentale del cinema italiano
a cura di Adriano Aprà, 2017

«Sono sperimentali i film di cui parlo? Lo sono in quanto
ricercano nuove strategie espressive diverse e opposte
a quelle istituzionalizzate dal cinema di finzione e
documentario. Lo sono perché scoprono nuove ipotesi
narrative, nuove strutture drammaturgiche, nuove
opzioni di montaggio, di musica, di suono».
(Adriano Aprà) CATALOGO DEL PRIMO FESTIVAL
ESPANSO FUORINORMA (Roma 26 ottobre - 22 dicembre
2017) www.fuorinorma.it

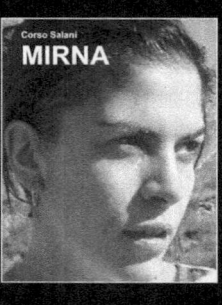

MIRNA
di Corso Salani, dvd

Ultima opera di un cineasta anomalo come pochi e straordinariamente tenace, *Mirna* rappresenta la summa del cinema di Salani: storia di una donna, storia di un amore, storia di un viaggio e insieme sotterraneo autoritratto e sublime metafora dell'identità artistica. A partire da un incipit che ricorda quello de *La prima notte di quiete* di Valerio Zurlini, scivolando su acqua, paesaggio, musica e promettendo poesia, Salani realizza un cinema estremo, puro, libero, e scava con la sua camera in un'identità – la sua, dietro quella di Mirna – che misteriosamente si afferma con spontaneo coraggio e inevitabile autonomia. Il regista racconta nel volume *Mirna*, omonimo diario cinematografico che pubblichiamo parallelamente al dvd, che il film riguarda, come sempre nella sua opera, un tormento esistenziale reale e personale, un'esperienza di amore e abbandono, di ricordo, rimpianto, colpa. Corso Salani tesse trame sottili tra vita e opera, attua un transfert radicale nei suoi personaggi femminili, usa i luoghi come spazi dell'anima, come simboli, con un'attitudine che, prima di lui, era stata di Antonioni. (Silvia Tarquini)

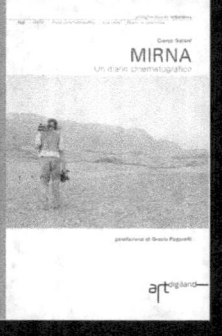

MIRNA
Un diario cinematografico
di Corso Salani
postfazione di Grazia Paganelli, 2017

«Che poi, detto così, sembra soltanto un problema di casting, qualcosa che si risolve in fretta perché poi in fondo sono già stati fatti centinaia di migliaia di film in tutto il mondo e un modo per uscirne si trova, basta fare ricorso all'esperienza. Ma qui è un po' più complicato: c'è da presentarsi come regista straniero e chissà perché non c'è mai nessuna a cui venga in mente di dare un'occhiata su internet prima dell'incontro, anche solo per curiosità; c'è da proporre un film che non ha e non avrà sceneggiatura; e c'è da offrire un compenso che grida giustizia. E questo è il meno: anzi, non è niente. Perché la poveretta che verrà scelta, non sa – e non c'è modo di avvertirla prima – che verrà travolta in poche ore, al massimo dopo un giorno di riprese, da un'ammirazione, da una gratitudine, da un amore sconfinato che, come al solito, le toglierà il respiro e, tanto per citare qualche sua collega che l'ha preceduta – anime belle nel mondo delle meraviglie – perfino la libertà».

Artdigiland ha pubblicato in italiano, francese e inglese:

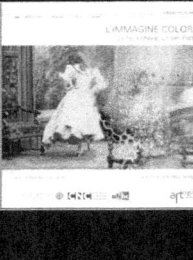

L'IMMAGINE COLORE
Le fer à cheval, un film Pathé
autori vari, a cura di / ed. by Marcello Seregni
prefazione di / foreword by Giulia Barini, 2016
in collaborazione con Ass. Cult. Hommelette e con
il sostegno scientifico dell'AFRHC - Association
française de recherche sur l'histoire du cinéma

Il libro propone una raccolta di saggi dedicati alla storia del cinema muto e al restauro del film, con particolare riferimento a *Le fer à cheval* (1909) di Camille de Morlhon, restaurato a cura di Associazione Culturale Hommelette e Fondation Jérôme Seydoux-Pathé. Hanno contribuito Rossella Catanese, Eric Le Roy, Federico Pierotti, Alice Rispoli, Stéphanie Salmon, Claudio Santancini, Elisa Uffreduzzi, Giandomenico Zeppa; premessa di Giulia Barini. A conclusione del volume un ampio inserto iconografico con fotogrammi a colori. All'interno le modalità per richiedere la visione gratuita online di *Le fer à cheval*.

The book offers a collection of essays on the history of silent film and film restoration, with particular attention to Camille de Morlhon's *Le fer à cheval* (1909), restored by Associazione Culturale Hommelette and Fondation Jérôme Seydoux-Pathé. Contributions by Rossella Catanese, Eric Le Roy, Federico Pierotti, Alice Rispoli, Stéphan e Salmon, Claudio Santancini. Elisa Uffreduzzi, Giandomenico Zeppa; foreword by Giulia Barini. A large iconographic insert with color frames completes the book. Instructions to request free online access to *Le fer à cheval* are included.

Artdigiland ha pubblicato in italiano e francese:

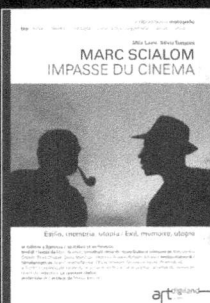

MARC SCIALOM. IMPASSE DU CINEMA
Esilio, memoria, utopia / Exil, mémoire, utopie
a cura di / sous la direction de Mila Lazić, Silvia Tarquini
prefazione di / préface de Marco Bertozzi, 2012

Marc Scialom, ebreo di origini italiane, toscane, poi naturalizzato francese, nasce a Tunisi nel 1934. Dopo le persecuzioni naziste nel '43 in Tunisia, le r percussioni sugli Italiani, meccanicamente associati al fascismo nel periodo dell'"epurazione", e la strage di Biserta (1961) – che denuncia nel corto *La parole perdue* (1969) –, si trasferisce in Francia. La sua vita si intreccia, "mar candola", con la storia del cinema: a Parigi il lungometraggio *Lettre à la prison* (1969-70), realizzato senza un produttore e quasi clandestinamente, non è sostenuto dai suoi amici cineasti, tra cui Chris Marker. Deluso, Scialom chiude il film in un cassetto. Torna alle sue origini, allo studio della lingua e della letteratura italiane. Traduce la *Divira Commedia* (Le Livre de Poche, 1996). Dopo il ritrovamento di *Lettre à la prison*, il restauro e la presentazione nel 2008 al Festival International du Documentaire di Marsiglia, Scialom torna al lavoro cinematografico con *Nuit sur la mer* (2012).

Artdigiland a publié en français

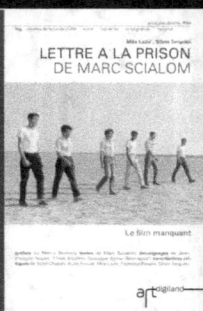

LETTRE A LA PRISON DE MARC SCIALOM
Le film manquant
sous la direction de Mila Lazić, Silvia Tarquini
préface de Marco Bertozzi, 2014

Le livre présente, en français seulement, la partie consacrée à *Lettre à la prison* dans l'ouvrage bilingue – italien et français – *Marc Scialom. Impasse du cinéma. Esilio, memoria, utopie/ Exil, mémoire, utopie*, sous la direction de Mila Lazić et Silvia Tarquini (2012). Le livre source est consacré à l'œuvre de Scialom – cinématographique et littéraire – dans son ensemble, et approfondit sa relation avec la *Divine Comédie* de Dante Alighieri. Ce volume restitue à l'histoire du cinéma la mémoire historique et cinématographique cristallisée dans l'aventure, au sens antonionien, de Marc Scialom. Avec *Lettre à la prison* (1969) nous sommes confrontés à un film Nouvelle Vagues "trouvé", tourné avec une camera prêtée par Chris Marker, puis englouti dans un abîme bien précis, personnel et historique. La préface de Marco Bertozzi cite Alberto Grifi, Chris Marker et Jean Rouch, filmmakers "dépaysés", constamment à la recherche, à travers le cinéma, d'un contact avec la réalité.

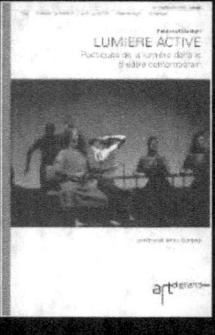

LUMIERE ACTIVE
Poétiques de la lumière dans le théâtre contemporain
de Fabrizio Crisafulli
préface de Anne Surgers, 2015

Cet ouvrage revisite, du point de vue des poétiques de la lumière, quelques épisodes importants de la mise en scène théâtrale au XXe siècle, depuis les grands réformateurs des premières décennies jusqu'à divers artistes contemporains tels que Josef Svoboda, Alwin Nikolais, Robert Wilson. Non pour proposer une histoire plus ou moins organique de la lumière au théâtre, mais pour tenter de préciser, relativement à son utilisation, certaines questions fondamentales. S'affranchissant des contextes étroits de la technique et de l'image dans lesquels on tend souvent à les enfermer, les problématiques de la lumière sont examinées ici sous d'autres angles, ceux de la structure spatio-temporelle du spectacle, de la construction dramatique, de la création poétique, de l'action, du rapport avec le performer. Une partie de l'ouvrage est consacrée au travail théâtral de l'auteur. Elle documente le point de vue particulier sur lequel sa réflexion se fonde, point de vue suscité et enrichi par son expérience personnelle de metteur en scène.

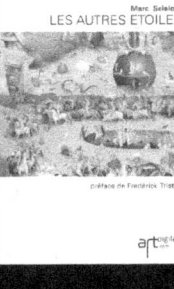

LES AUTRES ETOILES
de Marc Scialom
roman, préface de Frédérick Tristan. 2015

«Voici donc ce que je souhaitais réussir : le lecteur serait plus ou moins perdu tout au long de mon livre, perdu mais accroché, avec le sentiment croissant de frôler une chose intense, de l'entrevoir dans un brouillard, de supposer cette chose peut-être à tort, un peu comme un rêveur sur le point de s'éveiller voit parfois poindre à travers les volutes et sous les masques de son rêve une vérité douteuse, douteuse mais imminente, cela jusqu'aux dernières pages – puis tout à coup il comprendrait: rétrospectivement sa lecture indécise qui deviendrait claire parce qu'il découvrirait, lovée au coeur de la spirale et hors littérature, la scène première dont le livre est sorti».

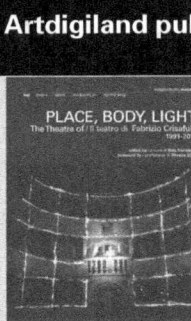

Marc Scialom
INVENTION DU REEL
Trois contes
illustrations de Mélik Ouzani, 2016

Le réel est-il vrai ? Le vrai est-il réel ? Humoristiques mais graves, noirs mais flamboyants et bariolés, burlesques mais parfois terrifiants, ces contes ne peignent pas seulement un univers distinct du nôtre mais qui lui ressemble. À l'aveuglette et à tâtons, ils en esquissent aussi quelques possibles prolongements futurs...

Artdigiland published in English/Italian:

PLACE, BODY, LIGHT
The Theatre of / Il teatro di Fabrizio Crisafulli. Twenty Years of Research / Venti anni di ricerca 1991-2011
edited by / a cura di Nika Tomašević, foreword by / prefazione di Silvana Sinisi, 2013

Fabrizio Crisafulli's theatre research centres on Place, Body and Light, and challenges performance practices at their very foundations, in an attempt to reclaim the original potency of theatre and its relevance and effectiveness in contemporary times. This is where dance meets architecture, drama meets territory, and the performance of the body meets poetic light. Crisafulli's works – poetic and visionary, hypnotic and deeply emotional, full of life and irony – are revealed through interviews, personal accounts, critiques, information and photos related to performances and installations created between 1991 and 2011.

Artdigiland published in English:

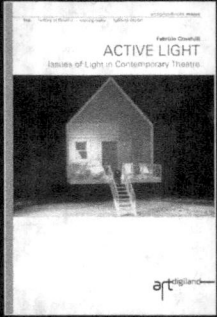

ACTIVE LIGHT
Issues of Light in Contemporary Theatre
by Fabrizio Crisafulli
foreword by Dorita Hannah, 2013

This book looks at various important events relating to the poetics of light in theatre production in the West in the twentieth century, from the great reformists at the beginning of the century to contemporary artists such as Josef Svoboda, Alwin Nikolais and Robert Wilson. The intention isn't to outline a somewhat organised history of stage lighting, instead it is an attempt to identify some basic issues concerning its use. Lighting issues are unshackled from the limited contexts of technique and image, where they often end up only to be relegated, and examined in the context of the performance's space/time structure, poetic and dramatic construction, and the relationship with the performer. A section dedicated to the theatrical work of the author outlines the distinctive point of view behind the book.

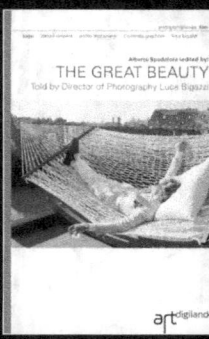

THE GREAT BEAUTY
Told by Director of Photography Luca Bigazzi
Alberto Spadafora (ed. by), 2014

Luca Bigazzi is one of Italy's most acclaimed award-winning directors of photography (DOP). His life has been dedicated entirely to the best of independent Italian cinema (not counting his work with Abbas Kiarostami). He has worked with directors such as Mario Martone, Gianni Amelio, Ciprì e Maresco, Silvio Soldini, Carlo Mazzacurati, Antonio Capuano, Leonardo Di Costanzo and Andrea Segre, and has been working with Paolo Sorrentino since *The Consequences of Love* in 2004. In this interview, edited by the photographer and film critic Alberto Spadafora, the Italian cinematographer talks about *The Great Beauty*, prizewinner of the Academy Award for Best Foreign Language Film of 2014.

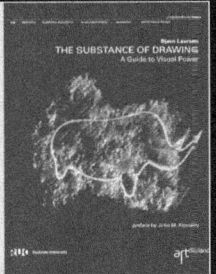

THE SUBSTANCE OF DRAWING
A Guide to Visual Power
by Bjørn Laursen
preface by John Kennedy, 2017

This book is not a manual as it is normally meant. It is not just a technical guide to learning how to draw. It lets you understand the motivations and impulses that are at the origin of drawing and the processes that are activated when you draw. And drawing is intended not so much as a simple tool, more or less effective, to imitate reality, but as a means of knowledge and memory with respect to reality. What Bjørn Laursen lets us understand is how listening and the availability to be captured by what we have around are essential qualities for an artist, and how the act of drawing is not a passive recording of objects, but a discovering and imagining, discovering the present and its history, and imaging the future of the environment we live in. (Fabrizio Crisafulli)

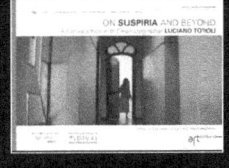

ON SUSPIRIA AND BEYOND
A Conversation with Cinematographer Luciano Tovoli
edited by Piercesare Stagni and Valentina Valente, 2017

On *Suspiria* and Beyond is a book-interview with cinematographer Luciano Tovoli AIC ASC, who has collaborated with directors such as Vittorio De Seta, Michelangelo Antonioni, Dario Argento, Maurice Pialat, Valerio Zurlini, Francis Veber, Andrej Tarkovskij, Ettore Scola Julie Taymor, Barbet Schroeder and many others. Tovoli is also the creator of the European Federation of Cinematographers Imago. The volume retraces all the stages of making *Suspiria*, from test shots to printing. It describes in detail the making of various sequences, relations with the director, explores the cultural premises of this immortal work and the historical context of the struggle for innovation in the cinematography of the Seventies. Above all, it reveals Luciano Tovoli's passion and tireless search for an expressive use of color in films, providing us with a first-hand experience of an incredible adventure in aesthetics.